PETER LABUDDE

ALLTAGS PHYSIK

in Schülerversuchen

- Planung • Durchführung
- Auswertung • Lösungen
- Unterrichtshinweise

Dritte, durchgesehene Auflage.

Mit 34 Abbildungen

Dümmlerbuch 4158

 ÜMMLER

Weitere DÜMMLERbücher Physik / Mathematik / Informatik auf den Seiten 123–128

Erlebniswelt Physik

Von P. LABUDDE

● **Beispiele: Planung / Durchführung / Auswertung,**

● **Unterrichtsmethodische Gestaltungsmöglichkeiten,**

● **Fachdidaktische Zusatzinformationen.**
248 Seiten; zahlr. Abb., DM 39,80, April 1993 (4159)

Dieser neue Band von P. LABUDDE liefert einige physikal. Leckerbissen zur Behandlung auf Sek. I und II
– Mehr als zwanzig Beispiele erschließen grundlegende physikalische Phänomene, Fragestellungen und Technologien aus dem Lebens- und Denkhorizont von Kindern und Jugendlichen.
– Ideen zur jeweiligen methodischen Gestaltung des Physikunterrichts führen zu einem erweiterten Repertoire an Lehr- und Lernformen.
– Physikalische Beispiele, methodische Hinweise und fachdidaktische Begründungen sind so klar und ausführlich beschrieben, daß die Übertragung auf verschiedene Unterrichtssituationen keinerlei Probleme verursacht.

Aus dem Inhalt der Erlebniswelt der Physik:
1. Einführung; **2.** Miteinander diskutieren, experimentieren, lernen; **3.** Das Vorverständnis in den Unterricht integrieren; **4.** Vom Alltagswort zur physikalischen Definition; **5.** Die Entwicklung des eigenen Wissens; **6.** Lebenswelt und Schulwelt verbinden; **7.** Die originale Begegnung zwischen Kind und Kulturgut; **8.** In der Vielfalt des Lebens Verbindendes erkennen; **9.** Vom qualitativen Alltagsphänomen zum quantitativen Laborexperiment; **10.** Wo der Verstand erkennt, was die Sinne zuvor erfaßten; **11.** Narrative Physik; **12.** Einwurzeln in unserer komplexen Welt; **Anhang:** Aufgabenlösungen/Literaturverzeichnis/Namen- und Sachregister.

LABUDDE[S] „Erlebniswelt Physik" und „Alltagsphysik" wenden sich an
– Physiklehrkräfte der Sekundarstufen I und II, die einen schüler- und handlungsorientierten Physikunterricht befürworten,
– Fachdidaktiker und Pädagogen der Lehrerbildung, die sich für methodisch vielfältige und didaktisch reflektierte Lehr- und Lernprozesse einsetzen.

Die dritte Auflage ist ein durchgesehener Nachdruck der ersten und zweiten Auflage.

ISBN 3–427–**41583**–X

© **1996 Ferd. Dümmlers Verlag, Kaiserstraße 31–37, Dümmlerhaus, 53113 Bonn**

Printed in Germany by Boss-Druck, Geefacker 63, 47533 Kleve

Inhaltsverzeichnis

3 Wärmelehre 37

4 Optik 47

5 Akustik 64

Vorwort

„Die Physik zählt zu den schönsten und interessantesten Naturwissenschaften!" Vergessen wir das bei den vielen Problemen und Schwierigkeiten, welche im Physikunterricht auftreten, leider nicht allzu häufig? Entscheidend ist doch, was man aus der Physik macht! Genau hier muß die Physik vermehrt über ihren eigenen Schatten springen, den Schatten der „exakten Wissenschaft mit einer spezifischen Fachsystematik, die nur in ausgeklügelten Laborversuchen demonstriert werden kann".

Tatsächlich tritt „Physik" im Alltag jedes einzelnen auf. Und physikalische Experimente sind nicht nur etwas für den Spezialisten! Das vorliegende Buch möchte diesen Beweis antreten; so behandeln die detailliert beschriebenen Versuche einige grundlegende physikalische Phänomene, Fragestellungen und Technologien aus unserer täglichen Umgebung. Schüler, Physiklehrer und alle, die an physikalischen Fragestellungen interessiert sind, finden hier Experimente an Realsituationen, die relativ leicht und ohne allzu großen Materialaufwand nachvollzogen werden können. Die Versuche können daher einerseits selbständig durchgeführt werden, d. h. ohne Anleitung durch die Schule, lassen sich andererseits aber auch ohne weiteres in den normalen Physikunterricht an Realschulen und Gymnasien integrieren.

Eine mehrjährige Erprobung der Experimente an einem Schweizer Gymnasium, der Evangelischen Mittelschule Samedan, bestätigte dies und ermöglichte, zahlreiche positive Erfahrungen zu sammeln. Gerade der *Realbezug in Verbindung mit eigenem, selbständigen Experimentieren,* führt auf Schülerseite zu einer überaus starken Motivation und einem vermehrten Interesse an „lebendiger" Physik.

Dem Lehrer, welcher die „Schülerexperimente an Realsituationen" in seinen Unterricht aufnehmen möchte, kommt das Buch in zweierlei Hinsicht entgegen: Zum einen sind die Versuchsanleitungen bezüglich Inhalt, Ausführlichkeit und Stil recht eigentlich für den Schüler geschrieben, so daß die direkte Übertragung auf die eigene, konkrete Unterrichtssituation keinerlei Probleme verursacht. Zum anderen enthält ein spezielles Kapitel am Ende des Buches gezielte Unterrichtshinweise, die zu erwartenden Meßresultate sowie die genauen Aufgabenlösungen.

Mein Dank gilt allen Schülerinnen und Schülern, welche durch ihre kritischen und konstruktiven Bemerkungen und Ratschläge wesentlich zu diesem Buch beigetragen haben. Ebenso sei Herrn Prof. J. Bruhn und vielen weiteren Kollegen für ihre Ideen und Mithilfe gedankt. Zustandegekommen wäre dieses Buch allerdings nie ohne die Unterstützung durch meine Frau Marlis, welche nicht müde wurde, jedes Experiment mit zahllosen Beiträgen und Diskussionen zu verbessern und zu bereichern.

Berkeley, Frühjahr 1986   Peter Labudde

1 Didaktische und organisatorische Aspekte

1.1 Lernziele in Schülerexperimenten

Der Ruf nach mehr Schülerexperimenten findet bei den Verantwortlichen leider immer noch ein zu geringes Echo, so daß nicht genug auf die mit Schülerversuchen erreichbaren Lernziele hingewiesen werden kann: Naturwissenschaftliche „Forschung" bedeutet Arbeit im Team und erzieht damit ganz allgemein zur Bereitschaft und Fähigkeit, sich mit anderen zu verständigen und mit anderen zusammenzuarbeiten. In der Gruppe lernt der Schüler zudem schneller und einfacher, Probleme zu erkennen und zu lösen. Das fällt hier besonders leicht wegen des ständigen Wechselspiels zwischen geistiger und manueller Arbeit. Letztere relativiert auch etwas die Kopflastigkeit der Schule, speziell die der „mathematischen Naturwissenschaften".

Fachspezifische Lernziele ergänzen die allgemeinen: Planung, Durchführung und Auswertung eines Experimentes dienen einerseits der Erkenntnisgewinnung in der Physik selber, können andererseits aber auch als eine Arbeitsweise und Methode von der Physik auf allgemeine Alltagsprobleme transferiert werden. Das gleiche gilt für das sachgerechte Lesen von Geräte- und Versuchsanleitungen, ein Punkt, dem gerade in unserer hochtechnisierten Welt große Bedeutung zukommt. Schließlich werden beim Erstellen von Versuchs- und Meßprotokollen Exaktheit und Fehler realistischer betrachtet, und der Schüler gewinnt ein besseres Gefühl für Größenordnungen.

Mit ihrem handfesten Realbezug weisen die folgenden Experimente nicht·nur allgemeinbildende Funktionen auf – und das macht sie generell für den Physikunterricht in der Schule interessant –, sondern sie dienen auch angehenden Naturwissenschaftlern: So kann die mit einem Realexperiment häufig verbundene Komplexität mehr oder weniger herausgearbeitet werden. Dem neugierigen Laien mag eine grob-qualitative Betrachtung genügen, während der Physiker eine alle Parameter umfassende, mathematische Analyse vorzieht. Wichtig bleibt, daß beide die vielfältigen Zusammenhänge zwischen realem Alltag und Physik erkennen und verstehen lernen. Dies erleichtert dann dem einzelnen die Orientierung in seiner natürlichen und technischen Umwelt und hilft damit, das beängstigende „Gefühl des Nichtverstehens" einer immer komplexeren Umgebung abzubauen.

1.2 Eingliederung in den Unterricht

Wie können die „Schülerexperimente an Realsituationen" in der Schule eingesetzt werden? Grundsätzlich sollten sie als Schülerversuche „in gleicher Front" in den Unterrichtsablauf integriert sein, d. h. alle Zweier- oder Dreiergruppen einer Klasse führen jeweils das gleiche Experiment aus. Damit spielt sich ein anregender und fruchtbarer Wechsel zwischen Schüler- und Demonstrationsversuchen, Theorie und Diskussionen ein. Gerade in dieser Form des „verwobenen Unterrichts" (HAHN, 1908) bilden sie eine wertvolle Ergänzung zum normalen Physikprogramm und üben zudem eine wichtige „Stimulus-Funktion" aus.

Es gilt also die Durchführung der hier beschriebenen Experimente auf den jeweiligen fachlichen Hintergrund abzustimmen. Zwei Einsatzmöglichkeiten bieten sich an: Zum einen können die Versuche dazu dienen, vorgängig erarbeitete physikalische Begriffe oder Gesetze zu vertiefen und sie in einen Zusammenhang mit der realen Umwelt zu bringen. Zum anderen eignen sich einzelne Experimente aber auch durchaus zur Einführung, d. h. als Einstieg in ein neues Gebiet. Um dem Schüler das hierbei häufig auftretende Gefühl der Orientierungs- und Hilflosigkeit zu nehmen, müssen allerdings Versuchsdurchführung und -ziel in einer ausführlichen Vorbesprechung genau erarbeitet und geklärt werden.

Ein erfolgreiches Experimentieren setzt ein rechtzeitiges Organisieren und Bereitstellen der „Geräte" – vielfach Gegenstände des physikalischen Alltags – voraus. Für die eigentliche Versuchsdurchführung ist im weiteren genügend Zeit zu reservieren: Doppelstunden wären ideal, aber auch 45minütige Einzellektionen reichen für viele der hier beschriebenen Versuche aus. Ein unnötiger Zeitdruck ist allerdings unbedingt zu vermeiden.

Die anschließende Auswertung wird normalerweise durch das Erstellen eines Meß- und Versuchsprotokolles erfolgen. Eventuell mag es auch genügen, wenn nur die in den Anleitungen aufgeführten Fragen zur Auswertung beantwortet werden. Eine abschließende Diskussion und Zusammenfassung der wichtigsten Resultate sollte in jedem Fall ein Experiment abrunden. Inwieweit ein Lehrer die detaillierten Versuchsanleitungen dieses Buches für seinen Unterricht übernehmen möchte, bleibt ihm überlassen. Es ist durchaus denkbar, daß eine eigene Planung durch die Schüler die Versuchsanleitung als Ganzes oder in Teilen überflüssig macht.

1.3   Aufbau einer Versuchsanleitung

Die in diesem Buch beschriebenen Experimente weisen im allgemeinen die folgende Gliederung auf:

Einleitung	Durchführung
Versuchsziel	Auswertung
Vorbereitung	Zusatzfragen
Material	

Die *Einleitung* möchte das Experiment in einen größeren Rahmen stellen: Welcher Bezug besteht zum Alltag? Läßt sich an bekannte Phänomene aus Natur und Physik anknüpfen? Wie sieht eventuell die historische Entwicklung aus?

Eine kurze Beschreibung des *Versuchsziels* ermöglicht dem Leser, einen Überblick über Inhalt und Form des jeweiligen Experiments zu gewinnen.

Kein Versuch ohne *Vorbereitung:* Hier wird aufgezählt, welche physikalischen und eventuell mathematischen Vorkenntnisse der Experimentierende mitbringen sollte. Der unterrichtende Lehrer kann damit abschätzen, wo und wie er den Versuch in den Lehrplan eingliedern kann.

Eine *Materialliste* umfaßt alle benötigte Geräte und Gegenstände, so daß unnötiges Suchen erspart bleibt.

Unter dem Stichwort *Durchführung* wird eine detaillierte Anleitung gegeben, damit nicht nur Fachleute, sondern speziell auch Schüler und alle an der Physik interessierten „Forscher" den Versuch selbständig durchführen können. Hinweise auf mögliche Fehlerquellen möchten das Gelingen zudem sicherstellen: Es ist bekanntlich noch kein Meister – und auch kein Physiker – vom Himmel gefallen.

Die anschließende *Auswertung* führt Schritt für Schritt auf das Versuchsziel zu. So wird gerade bei komplizierten Erklärungen oder Rechnungen langsam ein Problem nach dem anderen gelöst.

Fakultative *Zusatzfragen* gehören zwar nicht mehr direkt zum Experiment, dienen aber dazu, die gewonnenen Erkenntnisse abzurunden und zu vertiefen. Im Unterricht mag hier der Lehrer entscheiden, welche Fragen er behandeln möchte und welche nicht.

2 Mechanik

2.1 Als Landvermesser und Kartograph unterwegs

Immer wieder sieht man Vermessungs- oder Bauingenieure mit ihren rotweißen Stangen und den Meßgeräten, den sogenannten Theodoliten, bei ihrer Arbeit. Vermessungen bedarf es überall (KUFNER, 1981): Häuserbau, Projektierung von Straßen oder Bahnlinien, Katasteramt und Landesvermessung. Was messen nun aber jene Leute, und wie gehen sie dabei vor? Die Frage läßt sich leicht beantworten: Grundlage aller Vermessungen bildet die Triangulation (Abb. 1). Der Vermessungsingenieur muß nur eine einzige Basislinie kennen, dann kann er mit dem Theodoliten, einem optischen Präzisionsinstrument zum Messen von Winkeln, sämtliche gewünschten Distanzen bestimmen (in Abb. 1 z. B. auch CD). Auf diese Art und Weise werden Grundstücke, Straßen, Häuser, ja sogar ganze Länder bzw. die ganze Welt vermessen und kartographiert. Was derart im Großen möglich ist, soll im folgenden im Kleinen ausgeführt werden.

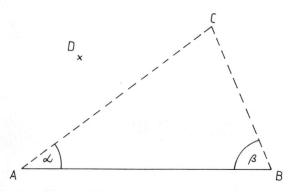

Abb. 1: Sind in einem Dreieck ABC eine sogenannte Basislinie, z. B. die Seite AB, sowie zwei Winkel, z. B. α und β bekannt, so lassen sich mit Hilfe des Sinus- und Cosinussatzes leicht die Distanzen AC und BC berechnen.

Versuchsziel: Vermessung eines Teils des Schulgeländes mittels Triangulation.

Vorbereitung: Trigonometrische Funktionen, Sinus- und Cosinussatz.
Material: Meßband (mind. 20 m), ca. 5 m Bindfaden, großer Winkelmesser, drei Holz- oder Metallstäbe (ca. 20 cm lang, z. B. Zeltheringe).

Durchführung

1. Überlege zuerst, welcher Teil des Schulgeländes kartiert werden soll. Damit die Messung nicht zu umfangreich wird, mögen sechs bis acht Meß-, d. h. Triangulationspunkte, genügen.

2. Miß im weiteren mit dem Meßband eine geeignete Basislänge ab.

3. Bestimme mittels Winkelmesser die für die Kartierung notwendigen Winkel. Überlege aber genau, welcher Winkel es insgesamt bedarf. Peile dann vom jeweiligen Standort A die Punkte B und C an, zu denen die Entfernung bestimmt werden soll (Abb. 2). Spanne am Boden mit den drei Stäben entsprechend die Schnur und miß anschließend mit dem großen Winkelmesser den Winkel α. Achtung: Bei all diesen Teilschritten muß sehr exakt gearbeitet werden, d. h. mindestens auf 1° genau, da sonst große Meßfehler herauskommen.

4. Notiere sämtliche Winkel entweder in einer Tabelle oder in einer einfachen Handskizze vom Gelände.

Abb. 2: „Feldarbeit" mit dem Winkelmesser

Auswertung

1. Berechne die jeweiligen Distanzen mit Sinus- oder Cosinussatz.

2. Fertige vom Gelände eine Karte im Maßstab 1:500 an.

3. Wodurch entstehen in der Karte eventuelle Fehler, und wie ließen sich diese vermeiden?

Zusatzfragen:

1. Welche Vorteile weist die Triangulation als Längenmeßverfahren auf?

2. Durch Triangulation kann auch die Entfernung zwischen der Erde und nahen Sternen gemessen werden. Dabei wird der Durchmesser der Erdbahn als bekannt vorausgesetzt. Veranschauliche mit einer Skizze, wie die Distanz Erde – Stern bestimmt werden kann.

3. Wäge die Vor- und Nachteile von Triangulation und Radarverfahren gegeneinander ab.

2.2 Ein Start mit Vollgas

„Von 0 auf 100 km/h in 8,9 s!" Ist so etwas überhaupt möglich? Wie beschleunigt im Vergleich dazu ein Mofa oder ein Kleinwagen? Könnte ein Fahrradfahrer beim Anfahren da noch mithalten?

Versuchsziel: Untersuche, welches Fahrzeug (Mofa, Fahrrad, Auto oder gar Eisenbahn) am stärksten beschleunigt; analysiere den Beschleunigungsvorgang anhand von Weg-Zeit- und Geschwindigkeits-Zeit-Diagrammen.

Vorbereitung: Gleichförmige Bewegung: Definition der Geschwindigkeit, *s-t*-Diagramm, *v-t*-Diagramm.
Material: Mehrere Handstoppuhren, Meßband (30 m) oder evtl. Zollstock (Gliedermaßstab), Kreide, Fahrrad, Mofa, Auto, evtl. Zug oder Straßenbahn.

Durchführung (Mit „Vollgas" an das Experiment)

1. Um die Beschleunigungswerte möglichst exakt zu bestimmen, könnte man ja „einfach" die Zeit messen, welche für „von 0 auf 100 km/h" benötigt wird. Doch welcher Fahrradfahrer oder welches Mofa schaffen das schon? Günstiger ist es, die Zeit zu bestimmen, welche für eine gewisse Anfahrstrecke, z. B. für die ersten 5, 10 oder 15 m benötigt wird, und dann zu vergleichen. Miß also eine „Test-Rennstrecke" ab und bring mit Kreide Markierungen bei 0, 2.5, 5, 10, 15, 20 und evtl. 25 m an.

2. Während nun einer startet, stoppen fünf bis sechs Mitschüler bei den einzelnen Markierungen die verschiedenen Zeiten. Um möglichst genaue Meßwerte zu erhalten, ist unbedingt auf folgendes zu achten:

a) Alle Zeitnehmer müssen beim Start im gleichen Moment die Uhren laufen lassen und sich zudem darüber abgesprochen haben, in welchem Moment sie stoppen wollen, z. B. beim Passieren der vorderen Stoßstange.

b) Um beim Auto und Mofa die größten Beschleunigungswerte zu erhalten, sollte mit Vollgas gestartet werden, d. h. Vollgas im Leerlauf und dann in den ersten Gang kuppeln.

c) Zudem darf auf der „Teststrecke" nicht in einen höheren Gang geschaltet werden, da jeder Schaltvorgang die Beschleunigung ja kurzfristig unterbrechen würde.

Führe das Experiment als erstes mit dem Fahrrad durch und anschließend mit Mofa, Auto und evtl. Zug oder Straßenbahn. Da Meßfehler nicht ganz auszuschließen sind, empfiehlt es sich, jeden Start mindestens einmal zu wiederholen. Trage Strecken und Zeiten in eine vorbereitete Tabelle ein und bilde jeweils die Mittelwerte. In der folgenden Auswertung wird nur noch auf diese Durchschnittswerte zurückgegriffen.

Auswertung:

1. Welches Fahrzeug beschleunigt am besten, welches am schlechtesten?

2. a) Trage in einem Weg-Zeit-Diagramm für jedes Fahrzeug die Meßwerte, d. h. die jeweiligen Mittelwerte, auf. Beachte, daß in einem Weg-Zeit-Diagramm der Weg als Funktion der Zeit notiert wird und nicht umgekehrt.

b) Wie können die Kurvenverläufe erklärt werden?

c) Welche Unterschiede lassen sich gegenüber einer unbeschleunigten, d. h. gleichförmigen, Bewegung feststellen?

3. a) Berechne aus den Meßwerten die jeweiligen Geschwindigkeiten v als

$$v = \frac{\Delta s}{\Delta t} = \frac{s_2 - s_1}{t_2 - t_1}$$

Beispiel: Bei $s_1 = 10$ m wurde eine Zeit $t_1 = 3,2$ s gestoppt, bei $s_2 = 15$ m eine Zeit $t_2 = 3,9$ s. Die Geschwindigkeit v berechnet sich zu $v = 5$ m$:0,7$ s $= 7,1$ m/s. Sie wird vom Fahrzeug zwischen den beiden gemessenen Zeiten erreicht, also nach ca. 3,55 s.

b) Notiere Zeiten und jeweilige Geschwindigkeiten in einer Tabelle (in obigem Beispiel also $t = 3,55$ s und $v = 7,1$ m/s), und trage sodann in einem Geschwindigkeits-Zeit-Diagramm für alle Fahrzeuge die Geschwindigkeit als Funktion der Zeit auf.

c) Inwiefern unterscheiden sich die v-t-Diagramme einer gleichmäßig beschleunigten und einer gleichförmigen Bewegung voneinander?

4. a) Um welchen Betrag nimmt die Geschwindigkeit pro Sekunde bei den einzelnen Fahrzeugen jeweils zu? Diese „Geschwindigkeitsänderung je Sekunde"
bezeichnet der Physiker als Beschleunigung.

   b) Wie schnell sind unsere Fahrzeuge damit – wenigstens theoretisch – „von 0
auf 100 km/h"?

Zusatzfragen

1. Um welche Art von Bewegung handelt es sich bei obigen „Formel-I-Starts"?

2. Wie groß ist die Beschleunigung der einzelnen Fahrzeuge?

3. Welchen Weg legen unser Auto oder Zug mindestens zurück, wenn sie
von 0 auf 100 km/beschleunigen?

4. Ein disziplinierter Auto- oder Mofafahrer wird wohl kaum mit Vollgas und
heulendem Motor starten. Wie und warum ändern sich dann die Beschleunigungswerte? Vgl. dazu in Abb. 3 das Leistungsdiagramm eines 1,9 Liter-
Motors von 55 kW (ca. 74 PS).

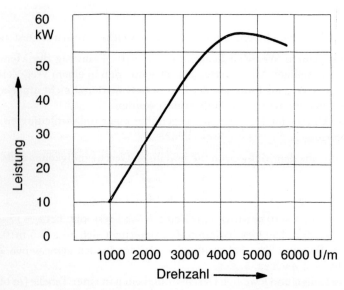

Abb. 3: Leistungsdiagramm eines Automotors von 55 kW (Diagramm nach BERGE, 1982)

2.3 Die Angst des Tormanns beim Elfmeter

PETER HANDKE (1973) schreibt dazu in seiner Erzählung mit dem gleichnamigen parabolischen Titel: „Der Tormann überlegt, in welche Ecke der andere schießen wird . . . Wenn er den Schützen kennt, weiß er, welche Ecke er sich in der Regel aussucht. Möglicherweise rechnet aber auch der Elfmeterschütze damit, daß der Tormann sich das überlegt. Also überlegt sich der Tormann weiter, daß der Ball heute einmal in die andere Ecke kommt. Wie aber, wenn der Schütze noch immer mit dem Tormann mitdenkt und nun doch in die übliche Ecke schießen will? Und so weiter, und so weiter." Was löst die Angst des Tormanns beim Elfmeter aus? Die Unberechenbarkeit des Schützen, die große Verantwortung, die hohe Geschwindigkeit des Balles oder dessen Wucht beim Aufprall? Das folgende Experiment versucht eine Antwort zu geben.

Versuchsziel: Bestimme sowohl die Geschwindigkeit des Balls beim Elfmeter als auch die Bremskraft, welche bei einem Frontalaufprall Ball – Torpfosten, bzw. Ball – Torhüter auftritt.

Vorbereitung: Geradlinig gleichförmige Bewegung (einschließlich Bremsbewegungen), Bewegungsgleichung $F = m \cdot a$.
Material: Fußball, 2–3 Stoppuhren, Meßband, Waage, großer Bogen Papier (z. B. Packpapier 80 × 60 cm), Klebband.

Durchführung

1. Die Geschwindigkeit des Balls: Am einfachsten läßt sich die Geschwindigkeit des Balls bestimmen, indem man die Flugzeit zwischen Elfmeterpunkt und „Torlinie" stoppt. Miß hierzu 11 m senkrecht zu einer massiven, fensterlosen (?) Wand ab und markiere den so gewonnenen Elfmeterpunkt. Stoppe anschließend die Flugzeiten des Balls bei mindestens drei scharfen Schüssen, welche ein Kamerad tritt, und berechne den Mittelwert der Flugzeit. Unter der Annahme einer gleichförmigen Bewegung läßt sich später leicht aus Zeit und Strecke die Geschwindigkeit berechnen.

2. Die Kräfte beim Aufprall: Prallt ein Ball mit voller Wucht an den Torpfosten oder gar auf die Brust bzw. den Kopf des Torhüters, treten gewaltige Kräfte auf. Dem Tormann bleibt eventuell gar die Luft weg! Die Bremskräfte lassen sich bestimmen: Geht man beim Abbremsen des Balls von einer gleichmäßig „negativ beschleunigten" Bewegung aus, so müssen zur Berechnung der Bremskräfte nur Masse und Aufprallgeschwindigkeit des Balls, sowie sein Bremsweg bekannt sein.
   a) Bestimme zunächst also mit der Waage die Masse des Fußballs.
   b) Die Aufprallgeschwindigkeit wurde bereits im ersten Teil des Experiments analysiert.

c) Der Bremsweg des Balls ist vor allem durch seine Eindrücktiefe, d. h. seine Verformung, gegeben. Diese bestimmt man experimentell dadurch, daß der leicht angefeuchtete Ball mit voller Wucht auf einen großen, an der Wand befestigten Bogen Papier geschossen wird. Dabei entsteht auf dem Papier ein kreisförmiger Abdruck. Aus dessen Durchmesser und aus dem Durchmesser des Balls läßt sich mit einfachen geometrischen Formeln (Satz des Pythagoras) die Eindrücktiefe und damit der Bremsweg des Balls bestimmen.

Auswertung

1. Der „rasende" Flug des Balls (eine näherungsweise geradlinig, gleichförmige Bewegung): Berechne die durchschnittliche Geschwindigkeit des Balls in m/s und km/h.

2. Der „wuchtige" Aufprall (eine gleichmäßig, negativ beschleunigte Bewegung):
   a) Wie stark wird der Ball beim Frontalaufprall eingedrückt? Überlege den Rechenweg anhand einer Skizze.
   b) Bestimme aus den so gewonnenen Daten die Bremsverzögerung, d. h. die negative Beschleunigung, des Balls.
   c) Wie groß ist damit die auf den Ball wirkende Bremskraft?

3. Der „ängstliche" Tormann:
   a) Wie groß ist die Kraft auf die Wand, bzw. beim „richtigen" Elfmeter die Kraft auf den Brustkorb eines Torhüters, wenn der Ball frontal auftrifft?
   b) Gib für diesen Zahlenwert einen passenden Vergleich.

Zusatzfragen

1. Wieso springen Torhüter beim Elfmeter oft schon vorzeitig, d. h. direkt beim Ballabschuß, in irgendeine Richtung? Vergleiche hierzu die Reaktionszeit des Menschen.

2. Warum fausten Torhüter den Ball weg, und warum versuchen sie nie, einen Elfmeterschuß abzufangen?

3. Schätze grob ab, ob die Bremskräfte, welche beim Eishockey-Puck auftreten können, größer oder kleiner sind als beim Fußball. Von welchen Faktoren hängen jene Bremskräfte überhaupt ab?

2.4 Die Belastung des Körpers bei Sprüngen

Vorsicht bei Sprüngen: Gebrochene Fußgelenke, gebrochene Beine und Gehirnerschütterungen gehören im Alltag zu den häufigsten Verletzungen. Im Sport werden zwar Gegenmaßnahmen ergriffen, so rüstet sich der Geräteturner mit Sprungmatten aus, und der Fallschirmspringer fängt den Aufprall mit einer „Landungsrolle" ab. Welche Kräfte wirken aber bei Sprüngen auf die Füße oder den Kopf?

Versuchsziel: Bestimme die Brems-Beschleunigungen und -Kräfte, welche bei Sprunglandungen auf Füße und Kopf wirken.

Vorbereitung: Geradlinig, gleichförmige Bewegung einschließlich freiem Fall und Bremsbewegungen, Bewegungsgleichung $F = m \cdot a$.
Material: Lineal, Zollstock, Sprungmatten, Sprungkasten oder Kletterwand.

Durchführung

1. Wie lassen sich Brems-Beschleunigungen und -Kräfte messen? Dazu vorgängig einige Überlegungen: Die Brems-Beschleunigung a hängt von der Länge des Bremswegs s und der Aufprallgeschwindigkeit v ab. Ist aber die Beschleunigung a bekannt, kann bei bekannter Masse m des Springers sofort die Kraft F auf die Füße oder Fußgelenke berechnet werden.
   Im folgenden Experiment müssen also sowohl die jeweiligen Aufprallgeschwindigkeiten als auch die verschiedenen Bremswege bestimmt werden:
   – Die Aufprallgeschwindigkeit kann hier aus der Fallhöhe h exakt berechnet werden (Freier Fall).
   – Der Bremsweg der Füße s_F und der Bremsweg des Kopfes s_K können hingegen nur auf $\pm 10\,\%$ genau gemessen bzw. abgeschätzt werden.

2. Der Sprung in der Turnhalle: Lege eine Bodenturnmatte vor den Sprungkasten oder vor die Kletterwand und springe nach kurzem Einturnen senkrecht auf die Matte. Federe in den Knien, so daß der Aufprall etwas abgefangen wird. Mitschüler sollen dabei die Fallhöhe h bestimmen und die jeweiligen Bremswege von Füßen und Kopf abschätzen. Überlege dazu, an welchem Punkt der Bremsvorgang für die Füße bzw. den Kopf beginnt und wo er aufhört.
   Trage die Zahlenwerte in eine Tabelle ein, welche acht Kolonnen für experimentelle Daten bzw. die Auswertung umfaßt:
   (1) Landungsort (z. B. Turnmatte), (2) Fallhöhe h, (3) Bremsweg der Füße s_F, (5) Bremsweg des Kopfes s_K.
   Sowie für die spätere Auswertung: (5) Aufprallgeschwindigkeit v, (6) Beschleunigung der Füße a_F, (7) Beschleunigung des Kopfes a_K, (8) Kraft auf die Füße F.

3. Wiederhole das Experiment
   a) ohne Matte (Schätze den minimalen Bremsweg der Füße grob ab.),
   b) mit einer dicken Hochsprungmatte.

Auswertung

1. Die erste Phase des Sprungs besteht aus einem „freien Fall": Berechne aus der Fallhöhe die Aufprall- bzw. Landegeschwindigkeit auf der Matte und notiere diese in der Tabelle.

2. Die zweite Phase des Sprungs besteht aus einer Bremsbewegung: Berechne die jeweiligen Bremsbeschleunigungen aus Bremsweg und Aufprallgeschwindigkeit und notiere die entsprechenden Werte für Füße und Kopf.

3. Bestimme zu guter Letzt mit der Masse des Springers die Kraft, welche beim Abbremsen auf die Füße wirkt.

4. Von welchen Faktoren hängt also die Bremskraft auf die Füße ab?

Zusatzfragen

1. Wieso brechen bei Sprunganlagen am ehesten die Fußgelenke? Wie viele Tonnen könnte man für Bruchteile von Sekunden auf die Fußgelenke stellen?

2. Wie läßt sich die Belastung für den Kopf (Gehirnerschütterung) reduzieren? Welche Aufgabe kommt insbesondere der Wirbelsäule zu?

3. Fasse die physikalischen Gleichungen der Auswertung derart in einer Formel zusammen, daß die Brems-Beschleunigung a direkt aus der Fallhöhe h, dem Bremsweg s und der Fallbeschleunigung g berechnet werden kann.

4. Erkläre anhand von Abbildung 4, wie ein Fallschirmspringer die Bremskräfte beim Landen möglichst klein hält.

Abb. 4: Die Landungsrolle („Roule-Boule") eines Fallschirmspringers (Zeichnung aus: BIGLER, 1982)

2.5   Start frei zum Ski-Abfahrtsrennen

„Drei – zwei – eins – los!" Schon kurze Zeit nach dem Start erreichen Renn-
fahrer, aber auch Hobby-Skiläufer bereits hohe Geschwindigkeiten. So erzielen
selbst Normalfahrer leicht Werte von 60–70 km/h; Abfahrtsfahrer rasen mit über
120 km/h talwärts. Der folgende Versuch aus dem Gebiet der „Sporttechnik" will
die Startphase eines „Rennens" genauer durchleuchten: Mit welcher Beschleunigung fährt der Skifahrer los? Wie groß ist seine Geschwindigkeit nach einigen
Metern? Welchen Einfluß hat die Reibung?

Versuchsziel: Bestimme die Beschleunigung des startenden Skifahrers sowie
seine Geschwindigkeit nach einigen Sekunden. Vergleiche diese experimentellen
Werte mit den theoretisch möglichen.

Vorbereitung: Gleichmäßig beschleunigte Bewegung, $F = m \cdot a$, Kräfteparallelogramm,
Reibungskräfte.
Material: Skiausrüstung, Meßband (mindestens 10 m), Stoppuhr, Kraftmesser 100 N.

Durchführung

Teil 1: Zur Bestimmung von Beschleunigung und Geschwindigkeit

1.   Suche für das folgende Experiment einen gleichmäßig abfallenden Hang aus
     (Neigung 10°–25°, auf keinen Fall zu flach). Die Teststrecke sollte eine
     Länge von 15 bis 20 m haben und relativ glatt sein, d. h. keinerlei „Buckel"
     aufweisen. Eine möglichst schnelle, harte oder auch eisige Piste liefert die
     günstigsten Voraussetzungen für genaue Resultate.

2.   Miß auf dem Hang die „Rennstrecke" *s* von 15–20 m Länge ab und mar-
     kiere deutlich Start und Ziel (Abb. 5).

Abb. 5: Die „Meß-Strecke" auf der Skipiste

19

3. Oben startet nun ein „Ski-As" und fährt auf direktem Weg geradeaus zum Ziel, in unserem Fall allerdings ohne jeglichen Abstoß oder Stockeinsatz und ohne jedwelche Kurve. Währenddessen mißt ein Mitschüler oder auch der Fahrer selbst die Zeit t zwischen Start und Ziel. Wiederhole diese Zeitmessung mindestens noch zweimal, um so einen relativ genauen Durchschnittswert zu erhalten. – Aus der Zeit t und der Streckenlänge s lassen sich später in der Auswertung die effektive Beschleunigung a und Ziel-Geschwindigkeit v ohne weiteres berechnen.

Teil 2: Zum Vergleich der experimentellen mit den theoretischen Werten

4. Welche Beschleunigungs- und Geschwindigkeitswerte wären theoretisch möglich? Um diese Frage beantworten zu können, müssen noch die Hangneigung sowie der Reibungskoeffizient bestimmt werden.
Zunächst zum Neigungswinkel α: Entwickle dazu selber ein geeignetes Verfahren, mit welchem sich dieser Winkel möglichst exakt, d. h. auf mindestens ein bis zwei Grad genau messen läßt. *Achtung:* Die Präzision dieser Messung ist für die spätere Auswertung von entscheidender Bedeutung!

5. Als letztes wird noch der Reibungskoeffizient f zwischen Ski und Schnee bestimmt. Ziehe hierzu den Skifahrer an einem Kraftmesser mit gleichmäßigem Tempo über eine komplett ebene, flache Piste (Abb. 6). Diese muß natürlich die gleichen Schneeverhältnisse aufweisen wie die obige „Test-Rennstrecke". Aus dem Gewicht des Skifahrers und der gemessenen Reibungskraft läßt sich nun der Gleitreibungskoeffizient f berechnen.

Auswertung

Teil 1: Die Berechnung der tatsächlich erreichten Beschleunigung:

1. Wie lang ist der Hang vom Start bis zum Ziel, und welches ist die mittlere, d. h. durchschnittliche Zeit, welche der Skifahrer für diese Distanz benötigt?

2. a) Berechne aus diesen Daten – Strecke s und Zeit t – die Beschleunigung a des Fahrers.
   b) Wie groß ist seine Geschwindigkeit v am Ziel (in m/s und km/h)?

Teil 2: Im folgenden werden aus den Meß-Resultaten von Punkt 4 und 5 die theoretisch möglichen Werte für Beschleunigung, Zeit und Geschwindigkeit berechnet:

3. a) Bestimme den Gleitreibungskoeffizienten „Schnee-Ski" aus den Resultaten von Punkt 5.
   b) Vergleiche mit entsprechenden Reibungszahlen aus Physikbuch oder Formelsammlung und kommentiere.

Abb. 6: Zur Bestimmung des Reibungskoeffizienten

4. Skizziere den Hang mit entsprechendem Neigungswinkel α und zeichne die Gewichtskraft G des Skifahrers ein. Zerlege das Gewicht G in die beschleunigende Kraft F_1 und die Normalkraft F_2 und zeichne auch diese exakt ein (Kräfteparallelogramm).

5. Wie groß sind die Kräfte F_1 und F_2?

6. Berechne im folgenden:
   a) die Gleitreibungskraft F_r aus f und F_2,
   b) die totale beschleunigende Kraft F aus F_1 und F_r,
   c) die theoretisch mögliche Beschleunigung des Skifahrers. Berücksichtige beim Gewicht auch Kleidung und Ski (ungefähre Werte).

7. a) Welche Zeit würde somit der Fahrer für die Strecke „Start–Ziel" benötigen?
   b) Wie groß wäre seine Geschwindigkeit am Ziel?

8. a) Um wieviel Prozent weicht die derart berechnete Zeit von der effektiv gestoppten ab?
   b) Welche Meßfehler könnten einen etwaigen Unterschied zwischen theoretischem und experimentellem Wert erklären?

2.6 Mit dem Fahrrad unterwegs in der Mechanik

„Pedal, zwei Zahnräder vorne, Kette, ein Zahnkranz mit fünf Zahnrädern hinten, Gangschaltung vorne und hinten." Auf den ersten Blick scheint die Schaltung eines 10-Gang-Fahrrades äußerst verwirrend: Welches ist der größte, welches ist der kleinste Gang? Wozu dienen überhaupt so viele Zahnräder? Und wenn man mit aller Kraft, vielleicht mit seinem ganzen Körpergewicht, auf das Pedal drückt, welche Kräfte werden dann freigesetzt? – In diesem Experiment geht es nicht darum, mit den Beinen zu strampeln, sondern mit Köpfchen die Mechanik des Fahrrades zu erforschen.

Versuchsziel: Untersuche, wie die Übersetzung eines Fahrrades Kräfte und Wege umwandelt.

Vorbereitung: Kraft, Arbeit, Hebelgesetz, Drehmoment, evtl. Wellrad.

Material: (5- oder 10-Gang-)Fahrrad, Halterung für das Fahrrad zum Aufbocken des Hinterrades, Lineal oder Zollstock, zwei Kraftmesser (100 N) oder zwei einfache Federwaagen (10 kg), Schnur, Schere, Putzlappen.

Durchführung

1. Haltere das Fahrrad so bzw. hänge es derart auf, daß das Hinterrad angehoben und frei drehbar ist. Schalte – bei einem 5- oder 10-Gang-Fahrrad – in den Gang, bei dem die Kette vorne und hinten über dem jeweils größten Zahnrad läuft. Damit lassen sich bei den späteren Messungen etwaige Ungenauigkeiten auf ein Minimum reduzieren.

2. Die Hebelarme: Bestimme mit dem Lineal die Länge der einzelnen Kraftarme, d. h. die Pedal-Länge, die Radien des vorderen und hinteren Zahnrades sowie den Radius des Hinterrades. Notiere die Werte in der ersten Tabellenspalte:

	Kraftarm (m)	Kraft (N)	Weg (m)	Arbeit (J)	Drehmoment (Nm)
Pedal					
Vorderes Zahnrad					
Hinteres Zahnrad					
Hinterreifen					

3. Die Umwandlung der Kräfte: Ziehe mit einem Kraftmesser am Pedal mit mindestens 50 N. Miß gleichzeitig mit einem zweiten Kraftmesser die Kräfte, welche dadurch am vorderen Zahnrad und damit an der Kette (Abb. 7) und am äußeren Umfang des Hinterrades (Abb. 8) auftreten: Um die Kraftmesser leichter handhaben zu können, ist es hierbei zweckmäßig, die Kräfte durch Schnüre oder Haken zu übertragen. Achte zudem unbe-

dingt darauf, daß die Kräfte genau senkrecht zum Hebelarm (Pedal, Hinterrad) bzw. parallel zur Kette gemessen werden (vgl. Abb. 7 und 8).

4. Die Wege: Nach dem „kraftvollen Abstrampeln" des vorherigen Teilversuches stellt sich die Frage nach dem zurückgelegten Weg. Wie viele Meter fährt ein Radfahrer, wenn er das Pedal z. B. um 10 cm nach unten drückt? Miß sowohl diesen Weg beim Treten des Pedals als auch die dadurch zurückgelegten Wege der Kette und des Hinterrades. Trage sämtliche Werte in die obige Tabelle ein.

Abb. 7: Die Messung der Kräfte am Pedal und vorderen Zahnrad

Abb. 8: Kraftmessung am Hinterrad

Auswertung

1.a) Inwiefern wird die Kraft des Fahrers umgewandelt?
  b) Wo treten beim Fahrrad also „Krafttransformatoren" auf („transformare",
     lateinisch: umwandeln, umformen)?

2.   Warum ist es für den Fahrradfahrer von Vorteil, wenn nicht sogar unbedingt
     notwendig, daß seine Kraft umgewandelt wird? Vergleiche mit den zurück-
     gelegten Wegen. Die Antwort auf diese Frage enthält die Grundidee des
     Fahrrades schlechthin!

3.a) Berechne die jeweils geleisteten Arbeiten (4. Tabellenspalte).
  b) Wird mit der Übersetzung beim Fahrrad neben der Kraft also auch die
     Arbeit verändert?

4.a) Wie groß sind jeweils die Drehmomente (5. Tabellenspalte)?
  b) Wo tritt beim Fahrrad demnach ein Drehmomentwandler auf?
  c) Welche physikalischen Größen werden durch ihn verändert, welche bleiben
     hingegen gleich?

Zusatzfragen

1.a) Über welche Zahnräder läuft die Kette beim größten bzw. beim kleinsten
     Gang?
  b) Welche Unterschiede bezüglich der Kräfte und Wege bestehen zwischen
     größtem und kleinstem Gang?

2.   Bei großen Radrennen, z. B. der „Tour de France" oder dem „Giro d'Ita-
     lia", wechseln die Rennfahrer je nach Etappe die Zahnkränze ihrer Räder.
     Wie würde man die Zahnräder bei einer ausgesprochenen Bergetappe, wie
     bei einer Flachlandetappe wählen?

2.7   Mensch – Maschine: Ein Leistungsvergleich

Die meisten Menschen meinen von sich, daß sie sehr viel leisten. Welche Leistung
(in Watt und PS) kann ein Mensch aber tatsächlich erbringen? So viel wie ein
kleiner Mofa-Motor oder so viel wie ein Automotor? Vergleicht man einmal die
verschiedenen Leistungen miteinander, so wird nicht nur das Bild vom „starken"
Menschen relativiert, sondern auch die Bedeutung der Maschinen für unser
Industrie-Zeitalter wird deutlich.

Versuchsziel: Miß die (physische) Leistung, welche ein Mensch kurzfristig erbringen kann. Vergleiche diesen Wert mit den Leistungen von Maschinen.

Vorbereitung: Definition der Arbeit, Hub- und Beschleunigungsarbeit, Leistung, Einheiten: Joule, Watt, PS, evtl. kWh.

Material: Stoppuhr, Meßband oder Zollstock, diverse „Geräte" je nach Teilexperiment: Hanteln, Fahrrad, Kletterstange oder Tau, Auto oder Mofa oder Zug, Fahrrad-Heimtrainer, etc.

Duchführung

Die körperliche Leistung eines Menschen

1. Was kann ein Mensch mit seinen Beinen leisten? Dies läßt sich sehr schnell bestimmen: Rennt jemand bergauf oder eine Treppe hinauf, so kann aus seinem Gewicht, der Höhendifferenz und der benötigten Zeit die Leistung berechnet werden.
   a) Führe dieses Experiment durch: Laufe zum Beispiel ein mehrstöckiges Treppenhaus hinauf und bestimme aus den Meßdaten (Gewicht, Höhe, Zeit) Hubarbeit und Leistung.
   b) Weitere Mitschüler, leichtere und schwerere, trainierte und untrainierte, sollen den Versuch wiederholen: Wer kommt auf die höchste „kW-Zahl"?

2. Welche Leistung können die Arme erbringen? Um diese Frage zu beantworten, stoße Hanteln oder sonstige „Gewichte" mit den Armen während einer halben Minute so oft wie möglich in die Höhe. Bestimme die Masse der Hanteln und berechne damit Hubarbeit und Leistung.

3. Weitere Methoden, um die körperliche Leistung eines Menschen zu messen, sind zum Beispiel:
   a) das Hinaufklettern an einer Kletterstange oder einem Tau,
   b) das Anfahren mit einem Fahrrad (vgl. Experiment Mechanik 2.2),
   c) das Fahren auf einem Rad-Heimtrainer. (Bei manchen Geräten lassen sich verschiedene „Leistungen" – Angabe in Watt – einstellen.)
   Entwickle zu einer dieser Methoden ein konkretes Experiment und führe es anschließend durch.

Die Leistung von Motoren

4. Was leisten – im Vergleich zum Menschen – nun aber Motoren? Für diese Leistungsmessung bietet sich ein einfaches Verfahren an: Beim Anfahren eines Autos, Mofas oder Zuges wird eine gewisse Beschleunigungsarbeit erbracht. Aus Arbeit und Start-Zeit läßt sich wiederum die Leistung der Motoren berechnen.
   Stoppe also bei einem anfahrenden Auto, Mofa oder Zug die für die ersten 15 Meter benötigte Zeit. Um beim Auto oder Mofa die größten Beschleunigungen zu erhalten, sollte für einmal mit „heulendem" Motor gestartet

werden, d. h. Vollgas im Leerlauf und dann in den ersten Gang kuppeln (vgl. Experiment Mechanik 2.2). Bei bekannter Masse des Fahrzeugs einschließlich Fahrer lassen sich aus den Meßwerten leicht Beschleunigungsarbeit (evtl. Reibungsarbeit) und Leistung berechnen.

Auswertung

1. Notiere die erhaltenen Werte in Form einer Tabelle mit
   a) körperliche Tätigkeit bzw. „Maschine",
   b) vollbrachte Arbeit in Joule,
   c) benötigte Zeit in Sekunden,
   d) Leistung in Watt,
   e) Leistung in PS.

2. a) Kann der Mensch mit den Armen oder mit den Beinen mehr leisten? Versuche die experimentellen Resultate biologisch zu begründen.
   b) Was die physische Leistung angeht, ist der Mensch den meisten Maschinen haushoch unterlegen. Welche Vorteile weist eine Maschine nämlich auf?

3. Überlege für jedes der durchgeführten Experimente, ob die berechneten Leistungen genau der Wirklichkeit entsprechen oder ob sie zu hoch bzw. zu tief liegen.

Zusatzfragen

1. Zeichne für den ersten Versuch „Treppensteigen" das zugehörige Arbeit-Zeit- und Leistung-Zeit-Diagramm. Erkläre anhand dieser Diagramme in eigenen Worten den Unterschied zwischen den Begriffen „Arbeit" und „Leistung".

2. Infolge ihrer Arbeit weisen Lehrer und ältere Schüler im Durchschnitt einen täglichen Energieverbrauch von jeweils 9000 kJ auf. Der genaue Wert wird u. a. durch Größe und Gewicht, sowie durch die verschiedenen körperlichen Tätigkeiten bestimmt. Berechne unter der Annahme, daß die Arbeit während 24 Stunden gleichmäßig vollbracht wird, die durchschnittliche Leistung in Watt und PS.

3. Daß die Bundesbahn leicht in die roten Zahlen rutschen kann, mag nur schon das folgende Rechenbeispiel zeigen: Ein Nahverkehrszug besteht vielleicht aus Lokomotive (m = 60 t), drei Personenwagen (je 35 t) und einem Gepäckwagen (30 t). An einem kleinen Bahnhof steigt nur eine Person zu. Wie teuer kommt dieser Halt mindestens, d. h. bei einem theoretischen Wirkungsgrad von 100 %, zu stehen, wenn der Zug anschließend wieder auf 70 km/h beschleunigt werden muß und eine kWh 20 Pfennig kostet?

2.8 Sportliche Impulse durchs Trampolinspringen

„. . . Hier müßte jemand mal neue Impulse bringen! Aber das kostet eben viel Zeit und Kraft . . .!" Was derart im täglichen Leben gilt, hat völlig analog Gültigkeit in der Physik: Jede Impulsänderung $\Delta \vec{p}$ ist mit einem gewissen Zeit- Δt – und Kraftaufwand $\vec{F}$ verbunden. So läßt sich der einleitende Ausspruch in der Kurzform $\Delta \vec{p} = \vec{F} \cdot \Delta t$ zusammenfassen. Das Beispiel zeigt: Unsere Umgangssprache und die Physik meinen häufig dasselbe, wobei die Physik allerdings präziser definiert, argumentiert und zusammenfaßt.

Ein großes Sprungtrampolin kann der Mechanik – im doppelten Sinn – neue Impulse geben: Beim Springen treten hier auch Impulsänderungen und damit Kräfte auf. Diese sollen im weiteren genauer untersucht werden.

Versuchsziel: Bestimme die auf die Fußgelenke eines Trampolinspringers wirkenden Kräfte.

Vorbereitung: Gleichmäßig beschleunigte Bewegung (freier Fall, Bremsbewegungen), Spannarbeit, Impulsänderung und Kraftstoß.
Material: Großes Sprungtrampolin, zwei Zollstöcke, mindestens zwei Stoppuhren (Ablesegenauigkeit wenigstens 1/20 s).

Durchführung

1. Der Aufbau eines großen Sprungtrampolins erfordert Sorgfalt und Vorsicht! Am besten wende man sich hierfür an einen Sportlehrer, welcher das Gerät sachgerecht aufzustellen weiß. Aufwärmen und Einturnen sind im weiteren ebenso selbstverständlich, wie die Regel, daß sich jeweils nur einer auf dem Gerät befindet.
   Für die folgenden Experimente sollten ein guter Turner oder eine gute Turnerin möglichst gleichmäßig auf dem Trampolin springen, d. h. die Sprunghöhe sollte immer gleich bleiben. Die auf die Sprunggelenke wirkende Kraft läßt sich dann auf zwei verschiedene Arten analysieren.

2. Erstes Verfahren: Nach $\vec{F} = \Delta \vec{p}/\Delta t$ (s. Einleitung) bestimmen die Impulsänderung $\Delta \vec{p}$ und die dazu benötigte Zeit Δt die Kraft $\vec{F}$. Es gilt also, diese beiden Größen zu messen.

   a) Um $\Delta \vec{p} (= m \cdot \Delta \vec{v})$ zu erhalten, muß $\Delta \vec{v} = \vec{v}_2 - \vec{v}_1$ bekannt sein. Überlege eine geeignete Methode zur Bestimmung von $\vec{v}_1$, der Aufprallgeschwindigkeit, und $\vec{v}_2$, der Geschwindigkeit beim Abheben vom Trampolin.

   b) Δt kann direkt gestoppt werden. Bei den kurzen Zeiten sind allerdings reaktionsschnelle Zeitnehmer gefragt! Zudem helfen mehrere Messungen durch verschiedene Turner, eventuelle Fehler auszumitteln.

27

3. Zweites Verfahren: Bestimme die Fallhöhe h und den Bremsweg s. Hieraus können später dann die Bremsbeschleunigung $\vec{a}$ und damit die Kraft $\vec{F}$ berechnet werden (vgl. Experiment Mechanik 2.4).

Auswertung

1. Verfahren 1: Wie groß sind gemäß den Meßwerten die Geschwindigkeitsänderung $\Delta\vec{v}$, die Impulsänderung $\Delta\vec{p}$ und die Kraft $\vec{F}$?

2. Verfahren 2: Berechne aus der Fallhöhe h und dem Bremsweg s die Bremsbeschleunigung $\vec{a}$ und die Bremskraft $\vec{F}$ nach $\vec{F} = m \cdot \vec{a}$.

3. Vergleiche die beiden so erhaltenen Kräfte miteinander und erkläre eventuelle Unterschiede.

4. a) Zeichne ein qualitatives Impuls-Zeit-Diagramm, welches den periodischen Bewegungsablauf des Trampolinspringers wiedergibt.
   b) Skizziere ebenso das zugehörige Kraft-Zeit-Diagramm.

Zusatzfragen

1. a) Berechne analog dem ersten Verfahren die Kraft, welche auf den Springer während der Flugphase wirkt.
   b) Wie groß sollte diese Kraft sein?

2. Welche verschiedenen Energieformen treten beim Trampolinspringen auf, und wann weisen diese ihren Maximalwert auf?

3. Werden die Federn eines Trampolins bei doppelt so langem Bremsweg s, z. B. bei sehr schweren Springern, auch um doppelt soviel ausgedehnt?

2.9 Exponentialgesetze beim Kaffeefiltern

Zwei fanatische Kaffeetrinker – dem Gerücht nach handelte es sich um Physiker – fachsimpelten einst über die Zubereitung eines schmackhaften Filterkaffees. Dabei ging es vor allem um die Frage, von welchen Faktoren die Filtrationsgeschwindigkeit abhänge und wie sich letztere steigern ließe. Vielleicht durch einen besonders großen, breiten Filter oder durch ständiges Nachgießen des Kaffeewassers?

Versuchen wir, den beiden diskussionsfreudigen Kaffeetrinkern eine Antwort zu geben. Selbstverständlich nicht ohne uns selbst einen rechten Filterkaffee zuzubereiten!

Versuchsziel: Untersuche die Filtrationsgeschwindigkeit bei der Kaffeezubereitung und analysiere die mathematische Gesetzmäßigkeiten der Kaffeefiltration.

Vorbereitung: Hydrostatischer Druck; die Zubereitung eines Filterkaffees (vergleiche ein Kochbuch oder frage die Großmutter nach ihrem Rezept! Großmütter haben ja meist die besten Kaffeerezepte), die Exponentialfunktion (hier hingegen konsultiere besser ein Mathematikbuch oder frage einen Mathematiklehrer).

Material: Filterkaffee, Kaffeefilter (mittlere Größe) und Filterpapier, sauberer Meßzylinder (500 ml), Uhr mit Sekundenzeiger oder Stoppuhr, Kochgelegenheit, eine Kaffeetasse pro Person, Kaffeelöffel, evtl. Milch und Zucker.

Durchführung

(„Die wissenschaftlich-physikalische Zubereitung eines Filterkaffees"):

1. Das Experiment ist rasch vorbereitet und aufgebaut:
   - Lege das Filterpapier in den Filter und feuchte es gut mit Wasser durch. Damit ist von Anfang an für gleiche Versuchsbedingungen, in diesem Fall nasses Filterpapier, gesorgt.
   - Gib vier gehäufte Kaffeelöffel Kaffee in den Filter und setze diesen dann auf einen sauberen (!) 500 ml-Meßzylinder.
   - Bring etwa einen halben Liter Wasser zum Kochen und bereite unterdessen eine Meßtabelle vor, in welcher später das Volumen des Kaffees (Filtrat) in Abhängigkeit von der Zeit aufgeschrieben wird.

2. Der Kaffeeaufguß: Fülle den Kaffeefilter rasch, d. h. in wenigen Sekunden, mit heißem Wasser.
   - Notiere dann sofort in einer Meßtabelle alle zehn Sekunden das Volumen des Kaffees im Meßzylinder, und zwar so lange, bis es nur noch vereinzelt tropft.
   - Wiederhole das Experiment ein zweites Mal, d. h. fülle den Kaffeefilter erneut rasch mit heißem Wasser und notiere auch hier das Kaffeevolumen als Funktion der Zeit.

3. Um die folgende Auswertung etwas leichter erledigen zu können, bereite jetzt erst einmal die verdiente Tasse Kaffee zu.

Auswertung

1. a) Ein Diagramm läßt die Kaffeefiltration einfacher analysieren und erklären: Trage auf Millimeterpapier die Meßwerte auf, d. h. das Volumen V als Funktion der Zeit t. Zeichne die Kurven für den ersten und zweiten Aufguß im gleichen Diagramm.
   b) Erkläre den Kurvenverlauf.
   c) Welche Rolle spielt insbesondere der hydrostatische Druck des Kaffeewassers oben im Filter?

2. a) Die Filtration kann noch durch ein zweites, ähnliches Diagramm veranschaulicht werden: Trage auf einem zweiten Blatt Papier – nur für den ersten

Aufguß – das Wasservolumen, welches sich jeweils oben (!) im Filter befindet, in Abhängigkeit von der Zeit auf.

b) Wie wird dieser Kurvenverlauf bezeichnet?

c) Eine (mathematische) Besonderheit dieser Kurve stellt die sogenannte Halbwertszeit dar: Diese gibt die Zeit an, in welcher das Anfangsvolumen auf die Hälfte abgenommen hat.

Bestimme die Halbwertszeit aus dem Diagramm und vergleiche sie mit der Zeit, in welcher das Volumen nur noch ein Viertel des Anfangswertes beträgt. Welche charakteristische Eigenschaft läßt die Funktion erkennen?

3. Die beiden Kurven werden durch die folgenden Funktionen wiedergegeben:

Erstes Diagramm: $\qquad V = V_1 \cdot (1 - e^{-kt})$ $\qquad$ V: Volumen im Meßzylinder
$\qquad$ t: Zeit
$\qquad$ k: Konstante

Zweites Diagramm: $\quad V' = V_0 \cdot e^{-ct}$ $\qquad$ V': Volumen im Filter
$\qquad$ t: Zeit
$\qquad$ c: Konstante

a) Berechne jeweils die Funktionswerte für $t = 0$ und $t \to \infty$ und vergleiche mit den Kurven.

b) Welche Volumina werden mit V_1 und V_0 bezeichnet?

4. Versuchen wir noch den beiden diskussionsfreudigen Kaffeetrinkern (s. Einleitung) zu helfen:

a) Von welchen physikalischen Faktoren hängt nun also die Filtrationsgeschwindigkeit ab?

b) Und durch welche Maßnahmen bzw. durch welches Vorgehen ließe sich die Kaffeezubereitung beschleunigen?

2.10 Zu hoher oder zu niedriger Blutdruck?

Sowohl zu hoher als auch zu niedriger Blutdruck können der Gesundheit nicht nur einfach schädlich sein, sondern sind in den Industriestaaten Europas und Nordamerikas indirekt Todesursache Nummer Eins (Kreislaufkrankheiten, Herzinfarkt). Bei der Diagnose von Krankheiten liefern vielfach physikalische Messungen, z. B. die Bestimmung des Blutdrucks, Grundlagen für die spätere, aber hoffentlich nicht zu späte Therapie.

Versuchsziel: Bestimme den eigenen, d.h. „schulgestreßten" Blutdruck. Erarbeite die medizinischen und physikalischen Grundlagen der Blutdruckmessung.

Vorbereitung: Definition und Einheiten des Drucks, laminare und turbulente Strömung, Bau und Tätigkeit des Herzens: Vor- und Herzkammern, Zusammenziehen (Systole) und Erweitern (Diastole) der Herzkammern.

Material: Blutdruckmeßgerät (evtl. bei Arzt oder Apotheke ausleihen), Stethoskop (Höhrrohr), Wasserhahn mit angesetztem Gummischlauch (sehr elastisch, Durchmesser ca. 4–8 mm, Länge ca. 15–25 cm).

Durchführung

Experiment 1: Die eigentliche Blutdruckmessung

Bei dieser Messung gilt es zwei Werte zu bestimmen, nämlich den oberen und unteren Blutdruckwert, d. h. den sogenannten systolischen und diastolischen Druck. Das Vorgehen sieht dabei – wie in einer ärztlichen Praxis – folgendermaßen aus (Abb. 9):

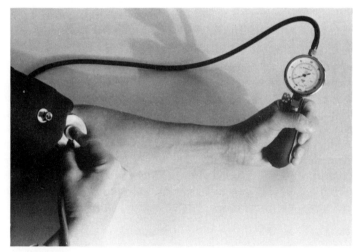

Abb. 9: Die Blutdruckmessung am Arm

- Entblöße einen Arm des „Patienten" einschließlich des Oberarms.
- Lege die Manschette des Meßgeräts um den Oberarm und befestige diese dort so, daß sie weder locker hin und her rutscht noch den Oberarm zu fest zusammenschnürt.
- In der Ellbogenbeuge wird nun das Stethoskop auf die Schlagader gelegt, so daß dort bei der folgenden Messung die Blutzirkulation abgehört werden kann.
- Durch Aufpumpen der Manschette erhöht man den Druck auf den Oberarm und damit auch auf die Blutbahnen. Der Druck, welcher sich am Manometer genau ablesen läßt, wird auf ca. 26 kPa (entsprechend 200 mm Hg) erhöht, bis die Schlagader vollständig abgeklemmt ist, d. h. bis kein Blut mehr zirkuliert.

31

– Reduziere mittels des Ventils kontinuierlich den Druck und verfolge dabei aufmerksam die Töne im Stethoskop:

Bei einem bestimmten Druck werden die pulsierenden Schläge des Herzens deutlich hörbar. Das Blut im Arm beginnt wieder zu zirkulieren: Oberer Blutdruckwert.

Reduziere den Manschettendruck weiter, bis die Herztöne nicht mehr wahrzunehmen sind: Unterer Blutdruck.

Notiere oberen und unteren Druckwert in kPa. Bei älteren Geräten wird der Druck noch häufig in mm Hg angegeben, wobei 1 mm Hg = 1 Torr = 133 Pa = 0,133 kPa. Wiederhole die Messung ein- bis zweimal und bilde den Durchschnitt der jeweiligen Werte. Bestimme ebenso den Blutdruck weiterer Mitschüler.

Experiment 2: Die physikalischen Grundlagen der Blutdruckmessung

Was geschieht eigentlich während der Blutdruckmessung mit der Blutbahn und mit dem Blut? Wie lassen sich die beiden Meßwerte physikalisch erklären und medizinisch interpretieren? Das folgende Experiment hilft, diese Frage zu beantworten:

– Statt einer Blutbahn wird nun ein dünnwandiger, elastischer Gummischlauch untersucht, welcher an einem Wasserhahn angeschlossen ist.
– Drehe den Hahn vorsichtig so auf, daß das Wasser mit nicht allzu großer Geschwindigkeit gleichmäßig, d. h. laminar durch den Schlauch läuft.
– Drücke anschließend den Schlauch ca. 3 cm vor seinem Ende mit den Spitzen von Daumen und Zeigefinger langsam zusammen, ohne ihn aber ganz abzuklemmen. Beobachte dabei die Strömung und achte auch auf die sehr feinen ,,Erschütterungen'', welche man in den Fingerspitzen fühlt. Analysiere, wann die Strömung laminar bzw. turbulent ist und welcher Zusammenhang dabei mit den ,,Erschütterungen'' festgestellt werden kann.

Auswertung

1. a) Notiere die eigenen oberen und unteren Blutdruckwerte sowie diejenigen einiger Mitschüler.
   b) Abschließende ,,Diagnose'': Liegen die Druckwerte der einzelnen Testpersonen zu hoch oder zu niedrig? 16–30jährige sollten obere und untere Werte von 16 kPa (120 mm Hg) bzw. 10,6 kPa (80 mm Hg) aufweisen.

2. Erkläre mit Hilfe des zweiten Experiments, welche Zusammenhänge zwischen dem oberen bzw. unteren Druck einerseits und den Strömungsverhältnissen in der Blutbahn andererseits bestehen (keine, turbulente, laminare Strömung?).

3. a) Mit welchem maximalen Druck pumpt das Herz das Blut durch die Bahnen des Oberarms?
   b) Wie groß ist der entsprechende minimale Druck?
   c) Welchen Phasen im Herzrhythmus entsprechen diese beiden Werte?

Zusatzfragen: Ein physikalisch-medizinischer Exkurs

1. Liegen die Blutdruckwerte in der Nähe des Herzens höher oder tiefer als im Oberarm? Begründe die Antwort physikalisch!

2. Bei der Blutdruckmessung (Exp. 1) läßt sich zwischen oberem und unterem Wert feststellen, daß der angezeigte Druck nicht kontinuierlich abnimmt, sondern mehr oder weniger schrittweise sinkt. Womit hängt dieses Phänomen zusammen?

3. Elektrokardiogramme (EKG) bilden für den Arzt eine wichtige Untersuchungsmethode. Sie zeigen die vom Herzen ausgelösten elektrischen Aktionsströme und lassen damit Rückschlüsse auf die Herztätigkeit zu. Erkläre anhand des EKGs in Abb. 10, in welchem Moment die Herzkammern das Blut in die Schlagadern drücken und wann sich die Vorkammern zusammenziehen.

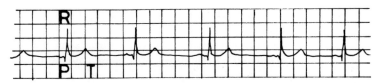

Abb. 10: Der Herzrhythmus im Elektrokardiogramm (EKG)

4. Welche Konsequenzen haben zu hohe bzw. zu niedrige Blutdruckwerte für die Gesundheit?

2.11 Auf krummen Wegen mit Tischtennisbällen, Frisbee und Bumerang

„Geschnittene Tischtennisbälle" und rotierende Frisbee-Scheiben bereiten nicht nur den Spielern Mühe und Kopfzerbrechen. Schon der Dichter und Satiriker Ringelnatz (1883–1934) erkannte anfangs dieses Jahrhunderts die physikalischen Tücken der „krummen" Flugbahnen (vgl. RINGELNATZ, 1984):

> *Bumerang*
>
> War einmal ein Bumerang:
> War ein Weniges zu lang.
> Bumerang flog ein Stück,
> Aber kam nicht mehr zurück.
> Publikum – noch stundenlang –
> Wartete auf Bumerang.

Versuchsziel:	Der Physikerklärung langer Gang,
	Sei Pingpong, Frisbee, Bumerang.
	Warte Du nicht stundenlang,
	Bau' Dir selbst noch Bumerang!

Vorbereitung: Stromlinienbilder, aerodynamisches Paradoxon, aerodynamischer Auftrieb, Kräfteparallelogramm.

Material: Tischtennisschläger und -Ball, ein Blatt Papier (A 4), Klebstoff, Frisbee, Karton (ca. 1 mm dick, z. B. graue Kartonrückseite eines Schreibblocks), Schere.

Durchführung und Auswertung

1. *„Geschnittene Tischtennisbälle ":*
   Normalerweise fliegt ein Tischtennisball „geradeaus". Geradlinig ist seine Flugbahn zwar auch nicht, da er infolge der Erdanziehung immer etwas nach unten fällt: Der Physiker spricht da vom horizontalen, bzw. schiefen Wurf. Ganz anders sehen die Verhältnisse aber beim „geschnittenen Tischtennisball" aus:
   a) Schlage einen Tischtennisball in ungefähr horizontaler Richtung fort, gib ihm dabei gleichzeitig einen Eigendrall im Uhrzeiger- bzw. im Gegenuhrzeigersinn.
   b) Zeichne die jeweiligen Flugbahnen einschließlich der rotierenden Pingpongbälle.

2. *Der paradoxe „Fall ":*
   a) Ähnlich dem Tischtennisball kann auch eine fallende Papierrolle auf „krumme Wege" gelangen: Klebe für dieses Experiment ein A 4-Papierblatt längs zu einem Zylinder zusammen. Lasse nun diesen Papierzylinder auf einer geneigten Ebene (Karton, großes Buch) herunterrollen und beobachte seine Flugbahn nach Verlassen der Ebene (Abb. 11).
   b) Zeichne auch hier die Flugbahn einschließlich der rotierenden Papierrolle. Welche Gemeinsamkeiten lassen sich mit den „geschnittenen Tischtennisbällen" feststellen?

3. *Zur Erklärung der gekrümmten Flugbahnen:*
   a) Die paradoxen und verblüffenden Bahnen sind gar nicht so schwer zu erklären, wie es zunächst vielleicht den Anschein haben könnte: Skizziere die Stromlinienbilder sowohl für einen normal fliegenden Ball als auch für einen fliegenden, aber gleichzeitig rotierenden Ball. Überlege dazu genau, welche besonderen Merkmale der Stromlinienverlauf im zweiten Fall aufweist.
   b) Erläutere nun die gekrümmten Bahnen – man spricht hier vom sogenannten Magnuseffekt – von Tischtennisball und Papierzylinder.

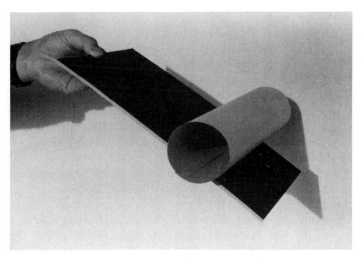

Abb. 11: Die Papierrolle vor ihrem „Absturz"

4. *Frisbee – die rotierende Scheibe:*

a) „Eine Kunststoffscheibe, ein bißchen Platz im Freien, etwas Gefühl in der Wurfhand – mehr braucht es nicht beim Spiel mit dem Frisbee", so begeistert sich ein fanatischer Frisbee-Werfer. Doch warum fliegt überhaupt diese Scheibe? Analysiere und zeichne dazu deren Querprofil einschließlich des Strömungsverlaufs.

b) Ein erster einfacher Wurf: Schleudere bei absoluter Windstille (in der Turnhalle oder im Flur) die rotierende Scheibe genau horizontal fort, und zwar so, daß der Frisbee die Hand wirklich waagerecht verläßt. Beobachte und erkläre den Zusammenhang zwischen Krümmung der Flugbahn und Eigenrotation der Scheibe.

c) Profis mit klingenden Namen wie „Sky-hawk", „Lawn-sweeper" oder „Flying Saucer" werfen jedoch raffinierter: Beim Abwurf ist die Scheibe bereits nach rechts oder links verkippt. So entstehen die schönsten Kurvenbahnen: Weite Bögen, Schwebewürfe mit Rückkehr zur Abwurfstelle, Trickwürfe mit verschiedensten Kurven bei gleichzeitigen Auf- und Abwärtsbewegungen.

Wie steht es aber mit dem eigenen Talent als Frisbee-Spieler? Probiere verschiedene Wurftechniken und -arten aus und analysiere dann deren physikalischen Hintergrund: Welche Erklärung gibt es für die Bahnkrümmung? Beantworte die Frage anhand einer Skizze! (Achtung: Der Magnus-Effekt spielt hier nicht mehr die Hauptrolle, denn er wird überlagert durch andere Effekte. So sind vor allem Gewicht und aerodynamischer Auftrieb sowie der Winkel zwischen diesen beiden Kräften für die Kurven verantwortlich.)

5. *Ein Mini-Bumerang:*

a) Mit dem folgenden Mini-Bumerang lassen sich zwar keine Känguruhs jagen, wie es die australischen Ureinwohner taten, sondern höchstens noch Fliegen. Und auch das werden wohl nur sehr geschickte „Jäger" fertigbringen:
Schneide aus einem Karton einen kleinen Bumerang aus (vgl. Abb. 12): Ein Modell, welches auch langweiligen (Unterrichts-)Stunden zu einer gewissen Spannung verhelfen kann, besitzt die folgenden Maße: Schenkellänge 4–5 cm, Schenkelbreite 1–1,2 cm, eingeschlossener Winkel ca. 120°, abgerundete Ecken.
Man verwindet die Schenkel dann leicht windschief gegeneinander, so daß sie beim Rotieren einen positiven Anstellwinkel aufweisen und so für den nötigen Auftrieb sorgen.

b) Als Abschußrampe dient eine schiefe Ebene: Unser Bumerang ist so darauf zu legen, daß ein Schenkel seitlich übersteht. Schnellt man den Mini-Bumerang mit einem Finger fort (Abb. 12), so ... Geübte Bumerangspezialisten bringen es mit guten Kartonmodellen sogar fertig, daß der Bumerang an seinen Ausgangspunkt zurückfliegt. Da heißt es: „Probieren geht über Studieren!" Welches ist das ideale Modell, welches der optimale Abschußwinkel, wie hält man am besten die Finger?

c) Beschreibe und erkläre auch hier die Flugbahn und Flugeigenschaften des Bumerangs und vergleiche mit der Frisbee-Scheibe.

d) Wozu dient eigentlich die Eigenrotation von Frisbee und Bumerang?

e) Welches Profil (Querschnitt) müssen die Schenkel eines richtigen Bumerangs aufweisen?

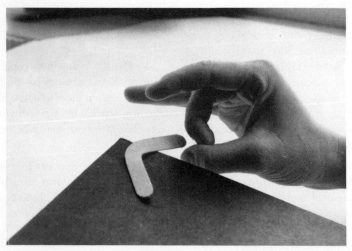

Abb. 12: Abschuß eines Mini-Bumerangs

3 Wärmelehre

3.1 Sparsames Wasserkochen

ENERGIE-SPAR-TIPS

Zum Kochen und Backen wird viel Energie benötigt. Ein Elektroherd hat den höchsten Anschlußwert von allen elektrischen Haushaltsgeräten, nämlich 8000 bis 10000 W. Das ist so viel, daß das ganze Elektrizitatsnetz zusammenbrechen würde, wenn auch nur in einem Drittel aller bundesdeutschen Haushalte gleichzeitig alle Kochplatten und Backofen eingeschaltet würden.

Energieverlust beim Kochen, Braten und Backen vermeiden

Sehen Sie sich doch einmal in der Betriebsanleitung Ihres Herdes die Leistungsstufen der einzelnen Kochstellen an. Es ist nämlich besonders wichtig, die richtige Temperatur für einen bestimmten Koch- oder Backvorgang zu wählen. Auch darüber gibt Ihnen die Betriebsanleitung Ihres Herdes Auskunft. Eine wirtschaftliche Nutzung erreichen Sie.wenn .... ?

Versuchsziel: Erhitze Wasser auf verschiedene, energiesparende und energievergeudende Arten bis zum Sieden. Bestimme die jeweils verbrauchte Energiemenge und leite daraus vielfältige Energie-Spar-Tips ab.

Vorbereitung: Zusammenhang zwischen Leistung, Arbeit und Zeit; Wirkungsgrad; spezifische Wärme; Wärme als Form der Energieübertragung.

Material: Thermometer (bis 100 °C), Uhr mit Sekundenzeiger, Litermaß oder Meßzylinder, Kochtopf mit Deckel, evtl. Kochtopf mit verbeultem Boden, diverse Geräte zum Heizen: Tauchsieder, Kochplatte, elektrischer Wasserkocher mit eingebautem Heizstab, etc.

Durchführung

1. Ein halber Liter Wasser soll auf verschiedene Weise bis zum Sieden erhitzt werden. Um die diversen Heizmethoden miteinander vergleichen zu können, sollten die Experimente immer unter ähnlichen Bedingungen durchgeführt werden, d. h. jeweils gleiche Anfangstemperatur von Wasser und Wasserbehälter und gleiche Endtemperatur (Siedepunkt!) bei allen Versuchen.
    Fülle 500 ml Wasser ab, bestimme die Temperatur und erhitze das Wasser mit dem Tauchsieder bis zum Siedepunkt. Dieser läßt sich daran erkennen, daß die Temperatur einen konstanten Wert behält und trotz Weiterheizen nicht mehr ansteigt. Auf Meereshöhe, 0 m ü. M., beträgt der Siedepunkt von Wasser genau 100 °C.

2. Fertige eine Tabelle mit sechs Spalten an und notiere in den ersten drei Kolonnen (1) das Heizgerät (z. B. Tauchsieder), (2) die Leistung des Gerätes (am Gerät meist angeschrieben), (3) die Heizdauer in Sekunden.

3. Wiederhole nun den Versuch mit anderen Heizgeräten und notiere die entsprechenden Meßwerte in der Tabelle: Überlege, wie man besonders energiesparend, bzw. energieverschwenderisch das Wasser erhitzen kann, und überprüfe die Annahmen jeweils mittels eines exakten Experiments.

Auswertung

1. Notiere in den noch freien Kolonnen der Tabelle:
   a) die jeweils tatsächlich benötigte elektrische Energie,
   b) die theoretisch notwendige Energie (Beispiel: Um 0,5 Liter Wasser von 20° auf 100 °C zu erhitzen, wird theoretisch eine Energie von $E = 4187 \cdot 0,5 \cdot 80 \, J = 167,5 \, kJ$ benötigt.),
   c) den jeweiligen Wirkungsgrad, welcher definiert ist als Verhältnis von theoretischer zu tatsächlicher Energiemenge.

2. Die entscheidende Größe bei diesen Versuchen ist der jeweilige Wirkungsgrad: Erkläre anhand eines Beispiels, welche Aussage er liefert.

3. Alle reden vom Energiesparen, die Frage ist nur das „Wie"? Stelle aufgrund der Experimente eine „Hitparade der energiesparendsten Kochmethoden" zusammen und gib mehrere Spartips zum Wasserkochen bzw. zum Kochen allgemein an.

4. Berechne, wieviel Prozent Energie sich jeweils einsparen läßt, wenn man
   a) mit Deckel statt ohne kocht,
   b) Kaffee- oder Teewasser mit Tauchsieder statt auf dem Elektroherd erhitzt.

Zusatzfragen

1. Die Energieeinsparung beim Kochen wirkt sich nicht nur positiv auf die Umwelt aus, sondern auch aufs Portemonnaie:
   a) Berechne den jährlichen Energieverbrauch einer Familie, die jeden Tag eine elektrische Herdplatte (2000 W) durchschnittlich während fünf Stunden eingeschaltet läßt.
   b) Um wieviel Joule reduziert sich dieser Wert, wenn der Verbrauch durch Sparmaßnahmen um 30 % gesenkt wird?
   c) Welche jährliche finanzielle Einsparung ergibt sich damit bei einem Preis von 20 Pfennig pro Kilowattstunde elektrischer Energie?

2. Wo wird im Haushalt am meisten Energie benötigt: Kochen, Licht, Waschmaschine, Geschirrspüler, Boiler, Fernseher, Radio? Notiere die Anschlußwerte verschiedener elektrischer Geräte, schätze die durchschnittliche Zeit ab, während der sie täglich eingeschaltet sind, und berechne daraus den jeweilige Energiekonsum in kJ. Welches sind die Energiefresser im Haushalt?

3.2 „Kalter Kaffee"

In einem Bahnhofsrestaurant warten zwei Reisende auf ihre Anschlußzüge; zwei heiß servierte Kaffees dampfen vor ihnen auf dem Tisch: „Der Kaffee ist ja so teuflisch heiß, daß man ihn gar nicht trinken kann. Und in acht Minuten fährt bereits mein Zug!" Darauf der andere Reisende: „Sie könnten den Kaffee ja mir geben, ich hab' noch fast eine Stunde Zeit. Hoffentlich bleibt nur der Kaffee so lange warm!"

Versuchen wir, den beiden physikalische Ratschläge zu geben, dem einen, daß sein Kaffee möglichst schnell abkühlt, dem anderen, daß sein Kaffee lange warm bleibt.

Versuchsziel: Untersuche das Abkühlen von heißem „Kaffeewasser" unter verschiedenen äußeren Bedingungen.

Vorbereitung: Temperaturmessung, Wärme als Form der Energieübertragung, Exponentialfunktion, Eulersche Zahl.

Material: Zwei gleiche Kaffeetassen, Kochgelegenheit, ein bis zwei Thermometer (0 ... 100 °C), Uhr mit Sekundenzeiger, Windgenerator bzw. Fön, Wasserhahn mit angesetztem Gummischlauch, Thermosflasche einschließlich Gummizapfen mit Bohrung (evtl. Kaffeepulver, Milch, Zucker, Kaffeelöffel).

Durchführung

1. Bring ungefähr einen halben Liter Wasser zum Kochen und fülle eine Tasse mit dem siedenden „Kaffeewasser".

2. Warte eine halbe Minute – bis sich die Tasse gleichfalls erwärmt hat – und beginne dann mit der eigentlichen Messung: Hierbei soll während einer halben Stunde jeweils alle Minute die Temperatur des Wassers bestimmt werden. Trage die Meßwerte in eine Tabelle ein und zeichne die sogenannte Abkühlungskurve, d. h. trage die Temperatur über der Zeit auf.

3. Bereite neben dieser Messung bereits ein zweites Experiment vor: Untersuche, inwiefern das heiße „Kaffeewasser" durch einen Wasser- oder Luftstrom („Blasen") schneller abgekühlt werden kann.

    – Stelle die leere Tasse derart in den Luftstrom eines Windgenerators oder in einen Wasserstrom, daß sie gleichmäßig von Luft bzw. Wasser umspült wird (Abb. 13 und 14).

    – Beim folgenden Experiment darf sich diese Strömung auf keinen Fall ändern; die physikalischen Versuchsbedingungen sollen während der ganzen Messung wirklich gleich bleiben!

    – Fülle auch hier die Tasse mit kochendem Wasser und bestimme während 10 Minuten alle 30 s die Temperatur.

    – Trage die Meßresultate gleichfalls in das obige Diagramm ein (vgl. Durchführung Nr. 2).

Abb. 13: Das Abkühlen einer Kaffeetasse im Luftstrom

Abb. 14: Abkühlung im Wasserstrom

4. Zusatzexperiment: Untersuche ebenso die Abkühlung in einer gut isolierten Tasse (Deckel bzw. Styroporabdeckung, isolierender Mantel) oder – noch besser – in einer verschlossenen Thermosflasche. Letztere wird durch einen großen Gummizapfen (mit Bohrung für das Thermometer) verschlossen. Verfolge hierbei den Temperaturverlauf über mehrere Stunden bzw. Tage hinweg. Achte aber darauf, daß die Umgebungstemperatur während der ganzen Zeit möglichst konstant bleibt.

Auswertung

1. Vergleiche die verschiedenen Kurven miteinander, erkläre und begründe, unter welchen Umständen das heiße Wasser besonders rasch abkühlt.

2. Wie beeinflußt insbesondere der Unterschied zwischen Kaffee- und Umgebungstemperatur das Abkühlen?

3. Welche Typen der Energieübertragung spielen bei der Abkühlung eine Rolle (Wärmestrahlung, Konvektion, Wärmeleitung)?

4. Zähle mehrere Maßnahmen auf, durch welche sich ein heißes Getränk möglichst lange warm halten läßt.

5. Die Abkühlung folgt ganz allgemein dem sogenannten Newtonschen Abkühlungsgesetz, welches den Temperaturverlauf in Abhängigkeit von der Zeit angibt:

$$T = T_u + (T_a - T_u) \cdot e^{-kt}$$

t: Zeit, T: Temperatur, T_a: Anfangstemperatur, T_u: Umgebungstemperatur, k: Konstante (abhängig von den äußeren Bedingungen).

a) Wie bezeichnet man einen derartigen Temperaturabfall?
b) Welche Aussage macht die Formel für $t = 0$ und $t \to \infty$?
c) Bestimme für eine der Meßkurven die Konstante k.

Zusatzfragen

Die in den obigen Versuchen gewonnenen Resultate lassen sich auf das Abkühlen beliebiger Körper verallgemeinern. Für die physikalischen Aussagen spielt es also keine Rolle, ob die Experimente an festen, flüssigen oder gasförmigen Substanzen durchgeführt werden. So lassen sich das Abkühlen von Häusern und die damit verbundenen Energieverluste, die für über 40 % des weltweiten Energieverbrauchs verantwortlich sind, jetzt ebenfalls erklären und verstehen:

1. Wann kühlt ein Haus besonders rasch ab? Zähle mehrere Gegenmaßnahmen auf, die sich dagegen ergreifen lassen, und begründe diese ausführlich.

2. Warum weist ein Haus bei einer Außentemperatur von $-20\,°C$ größere Energieverluste auf als bei einer Außentemperatur von $0\,°C$?

3.3 Cola – Eisgekühlt

Wer lechzt an einem drückendheißen Sommertag nicht nach einer Erfrischung, nach einer eisgekühlten Cola oder einem Orangensaft, später vielleicht auch nach einem „Martini on the Rocks" oder einem eisgekühlten „Long-Drink"? Nur kalt genug sollte es sein. Mit Eiswürfeln läßt sich da ja nachhelfen. Aber um wieviel Grad kühlt eigentlich ein Eiswürfel eine Cola ab? Welche Temperatur weist das Getränk dann auf: 15 °C, 10 °C, 5 °C oder gar 0 °C? Und warum nimmt man ausgerechnet Eis zum Kühlen?

Versuchsziel: Mixe ein Erfrischungsgetränk und untersuche, inwiefern und warum Eiswürfel die Temperatur beeinflussen.

Vorbereitung: Spezifische Wärme, erster Hauptsatz der Wärmelehre, einfache Mischungsrechnungen.
Material: 2 Kunststoffbecher oder Gläser, 1 Thermometer (ca. −10 °C ... 50 °C), 1 Waage (bis mindestens 300 g) oder Meßzylinder (mindestens 100 ml), sauberes Tuch, Hammer, Eiswürfel von ca. 0 °C, Erfrischungsgetränk von Zimmertemperatur.

Durchführung

1. Um den Einfluß von Eiswürfeln später genau analysieren zu können, gilt es, das Erfrischungsgetränk nicht nur einfach zu mixen, sondern auch Menge und Temperatur jeweils exakt zu kontrollieren: Wiege oder miß 100 g des Getränkes, entsprechend ungefähr 0,1 Liter, in den Becher ein und bestimme mit dem Thermometer die genaue Temperatur.

2. Der „Physiker-Tip" für jede Hausbar: Das Getränk läßt sich nun am schnellsten abkühlen, wenn man kleinere Eisstückchen und nicht, wie sonst üblich, einen größeren Eiswürfel hinzugibt. Wickle hierzu einen Eiswürfel von ca. 20 g – die genaue Masse wird später bestimmt – in ein Tuch und zerkleinere ihn mit einem Hammer.

3. Gib die möglichst „trockenen" Eisstückchen schnell in das Erfrischungsgetränk und rühre das Getränk vorsichtig mit dem Thermometer um, damit die Eisstückchen rasch schmelzen. Lies nach dem Schmelzen die Mischungstemperatur ab.

4. Wiegt man jetzt noch das gesamte Erfrischungsgetränk bzw. mißt man im Meßzylinder sein Gesamtvolumen ab, so läßt sich leicht die Masse des zugegebenen Eises bestimmen.

5. Doch bevor nun das Getränk zu warm wird: „Zum Wohle!"

6. Eine „eisgekühlte" Cola mag ja recht sein, aber warum kühlt man eigentlich nicht mit „eiskaltem" Wasser ab? Um diese Frage zu beantworten, wiederhole noch einmal das obige Experiment: Gib aber anstatt der Eisstückchen

eine gleiche Menge Schmelzwasser von ca. 0 °C hinzu und bestimme auch hier die Mischungstemperatur.

Auswertung

1. Eiswürfel oder „eiskaltes" Wasser: Womit läßt sich ein Getränk am besten abkühlen? Wie läßt sich dieser Sachverhalt erklären?

2. „Eiswasser-gekühlt". Berechne die Mischungstemperatur, welche sich im zweiten Experiment (Durchführung Nr. 6) theoretisch hätte ergeben sollen. Erkläre eine etwaige Differenz zwischen theoretischem und experimentellem Wert.

3. „Eisgekühlt". Berechne aus den Ergebnissen des ersten Experimentes (Durchführung Nr. 1–4) die sogenannte Schmelzwärme des Eises, d. h. die Wärme, welche zum Schmelzen von 1 kg Eis benötigt wird. Bei der etwas komplizierten Rechnung behält man einen kühlen Kopf, wenn folgendermaßen vorgegangen wird:

   a) Bestimme die vom ursprünglich ungekühlten Getränk abgegebene Wärme.
   b) Diese Wärme wird auf der anderen Seite vom Eis aufgenommen und führt sowohl zum Schmelzen des Eises als auch zur anschließenden Erwärmung von 0 °C auf die Mischungstemperatur:
   – Wieviel Wärme muß für diesen zweiten Vorgang aufgewendet werden?
   – Welche Wärme wird demzufolge zum Schmelzen der Eisstückchen benötigt?
   c) Wie groß ist nun die Schmelzwärme von Eis, in Joule pro Kilogramm?

4. Vergleiche den berechneten Wert mit den Literaturangaben und erkläre, welche „Meßfehler" für einen eventuellen Unterschied verantwortlich sein könnten.

Zusatzfragen

1. Warum sollten die Eisstückchen vor dem Mischen bzw. Mixen möglichst zerkleinert und zudem trocken sein?

2. Werden unter gleichen Bedingungen (Anfangstemperatur, Masse von Getränk und Eis) eine Cola und ein hochprozentiger Whisky durch einen Eiswürfel auch jeweils gleich stark abgekühlt?

3. a) Durch welche Maßnahmen läßt sich ein Getränk auf noch tiefere Temperaturen als in obigem Experiment abkühlen?
   b) Sind sogar Mischungstemperaturen von unter 0 °C denkbar?

3.4 Siedendes Wasser

Ein altes, bewährtes Kochbuch schreibt als Rezept für gekochte Eier: „Man bringt das saubere Ei sorgfältig in siedendes Wasser und kocht es während drei Minuten zum weichen oder acht Minuten zum harten Ei . . .“ Dem sei das Rezept eines Energiesparers gegenübergestellt: „Man bringe das saubere Ei sorgfältig in kaltes Wasser, so daß es zu ca. ¾ mit Wasser bedeckt ist, erhitze das Wasser und koche das Ei im siedenden Wasser knapp drei Minuten zum weichen oder knapp acht Minuten zum harten Ei . . .“ – Läßt sich nun ein Ei aber wirklich gar kochen, wenn es sich nur zu ¾ im Wasser befindet? Das folgende Experiment soll hier eine Antwort bringen und gleichzeitig den Siedevorgang von Wasser klären helfen.

Versuchsziel: Koche ein Hühnerei „auf energiesparende Art“ und analysiere dabei das Sieden von Wasser.

Vorbereitung: Spezifische Wärme, evtl. Schmelzen und Schmelzwärme, evtl. Daltons Teilchenmodell.

Material: Gaskocher oder kleine Elektroherdplatte, 1 Becherglas (z. B. 400 ml, tiefe Form), 3 Thermometer (0° . . . ca. 120 °C), 2 Halterungen für Thermometer, Uhr, Aluminiumfolie, großes Hühnerei und, um das Nützliche mit dem Angenehmen zu verbinden, Salz und Brot.

Durchführung

1. Ein Hühnerei soll „auf energiesparende Art“, d. h. nach dem zweiten oben erwähnten Rezept gekocht werden, allerdings nicht einfach so, wie man es in der Küche machen würde, sondern zusätzlich mit parallel laufenden physikalischen Untersuchungen. Dazu bedarf es kleinerer Vorbereitungen (Abb. 15):
    - Lege das Ei in das Becherglas und fülle dieses gemäß dem zweiten Rezept mit Wasser.
    - Decke das Becherglas mit einer Aluminiumfolie ab, welche drei kleine Löcher für Thermometer aufweisen sollte.
    - Die drei Thermometer sollen so in das Glas gestellt bzw. derart montiert werden, daß die Temperaturen an den folgenden Stellen gemessen werden können: (1) direkt am Boden, (2) 5 mm unter der Wasseroberfläche, (3) direkt über der Wasseroberfläche. Für letztere Messung halte das Thermometer so, daß es vom kalten Wasser gerade nicht mehr benetzt wird.
    - Fertige eine Tabelle mit fünf Kolonnen an für (1) Zeit in min, (2)–(4) drei Temperaturen in °C und (5) Beobachtungen während des Wasserkochens (z. B. erste Bläschen, Entstehungsart dieser Bläschen, Beginn des Brodelns, etc.).

2. Stelle Kochplatte oder Gaskocher an und notiere von da ab jede Minute die drei Temperaturen, sowie die genauen Beobachtungen. Erhitze bis zum Sieden des Wassers und koche – je nach eigenem Geschmack – ein weiches oder hartes Ei. Lies bis zum Schluß regelmäßig die Temperatur ab und miß, während das Wasser siedet, auch einmal die Temperatur oberhalb der Wasseroberfläche, z. B. 2 oder 3 cm höher.

3. Bevor es an die Auswertung geht: „Guten Appetit!"

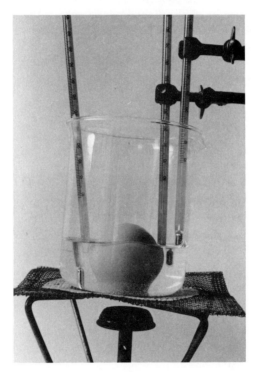

Abb. 15: Das Kochen eines Hühnereis im Physiklabor

Auswertung

1. Der Temperaturverlauf: Zeichne ein Temperatur-Zeit-Diagramm, d. h. die Temperatur als Funktion der Zeit, mit den drei Kurven für die verschiedenen Meßstellen. Erkläre ausführlich, warum sich die Graphen unterscheiden bzw. ähneln.

2. Spezifische Wärme und Verdampfungswärme: Welche Abschnitte lassen sich im Temperatur-Zeit-Diagramm unterscheiden? Auf welchen Wert steigt die Temperatur maximal und wozu dient die dann noch zugeführte Energie? Definiere die Begriffe Siedepunkt und Verdampfungswärme.

3. Eine kritische Analyse des Energie-Sparrezeptes: Wird das Viertel des Eies, welches sich außerhalb des Wassers befindet, auch wirklich gekocht? Vergleiche mit dem in der Einleitung erwähnten ersten Rezept und schätze ab, wieviel Prozent Energie sich mit dem zweiten Rezept einsparen lassen.

4. Die Dampfbläschen entstehen in sogenannten Verdampfungskernen. Hierbei handelt es sich um mikroskopisch kleine Luftbläschen, welche in jeder rauhen Oberfläche eingeschlossen sind und dort auch während des ganzen Kochvorganges erhalten bleiben.

   a) Wo befinden sich im obigen Experiment derartige Verdampfungskerne?

   b) Entstehen die Dampfbläschen beim Kochen immer an den gleichen Stellen oder an verschiedenen?

   c) Aus was bestehen eigentlich diese Dampfbläschen und wodurch unterscheiden sie sich vom sichtbaren, weißen „Wasserdampf"?

Zusatzfragen

1. a) Könnte man eventuell noch weniger Wasser zum Eierkochen nehmen?

   b) Im Dampfkochtopf werden Kartoffeln oder Gemüse nur zu einem Drittel mit Wasser bedeckt: Wieso werden die Kartoffeln hier trotzdem durch und durch gar?

2. Die Verdampfungswärme von Wasser beträgt $22,56 \cdot 10^5$ J/kg. Wieviel Energie wird damit in einem Luftbefeuchter benötigt, um 1 kg Wasser von 20 °C vollständig zu verdampfen? Zum Vergleich: Wie lange würde mit dieser Energie eine 60-Watt-Lampe brennen?

3. In Gefäßen mit extrem glatter Innenseite kann es zum sogenannten Siedeverzug kommen: Erkläre mit Hilfe eines Physik- oder Chemielexikons, was man darunter versteht und wie sich der unerwünschte, da gefährliche Siedeverzug, verhindern läßt.

4 Optik

4.1 „Camera Obscura"

Zum Fotografieren bedarf es nicht einer hochmodernen, aufwendigen Kamera. Schon Aristoteles (384–322 v. Chr.) und später vor allem Leonardo da Vinci (1452–1519) beschrieben den ersten Prototyp einer einfachen Kamera, der sogenannten „Camera Obscura". Das folgende Experiment ist in seinen Resultaten nun ebenso „obscur" wie verblüffend.

Versuchsziel: Exp. 1: Auf den Spuren Leonardo da Vincis: Baue eine „Camera Obscura"!
Exp. 2: Fotografiere mit dem „einfachsten Fotoapparat der Welt".

Vorbereitung: Exp. 1: Keine, Exp. 2: Filmentwicklung.
Material: Exp. 1: Eine kleine Pappschachtel (ca. 10 × 10 × 20 cm oder Schuhkarton), schwarzes Papier, durchscheinendes Papier („Pergamentpapier"), dunkler Klebstreifen, Schere, verschiedene Nadeln, dunkles Tuch (ca. 1 × 1 m).
Exp. 2: Eine Blechbüchse (∅ 8–15 cm), dicke Aluminiumfolie, Stanze, Fotopapier, Planfilm oder Polaroid-Kassette (erhältlich in jedem Fotogeschäft).

Durchführung und Auswertung

Experiment 1: Die „Camera Obscura"

1. a) Diese einfache Kamera läßt sich leicht bauen: Schneide aus einer Pappschachtel einen größeren Teil der Rückwand heraus und ersetze sie durch durchscheinendes Papier. Kontrolliere dabei, ob die Schachtel im übrigen absolut lichtdicht ist. Eventuelle „Lichtlecks" müssen z. B. mit dunklem Klebstreifen abgedichtet werden. Bohre nun noch ein kleines Loch in die Vorderwand (∅ ca. 1 mm). Fertig ist die „Camera Obscura" (Abb. 16).

   b) Ein erster „Schnappschuß": Richte die Kamera auf einen nicht zu dunklen Gegenstand oder einen Landschaftsausschnitt. Gegenlicht ist dabei allerdings zu meiden! Betrachte nun die Rückwand der Schachtel – wie ein Fotograf zu Großelterns Zeiten – unter einem dunklen Tuch oder Pullover (Abstand Auge–Rückwand: 15–20 cm). Nach ein bis zwei Minuten haben sich die Augen an die Dunkelheit gewöhnt, und dann ...! Obskur? Verblüffend?

   c) Versuche die Bildentstehung anhand einer Skizze zu erklären, welche die Kamera im Längsschnitt zeigt.

2. Bildweite und Vergrößerung: Vergleiche die Bilder verschiedener Kameras miteinander. Welcher Zusammenhang läßt sich zwischen Bildweite

(Abstand Loch – Rückwand) und Bildgröße feststellen? Wie sieht also eine „Camera Obscura" mit Tele- bzw. mit Weitwinkelobjektiv aus?

3. Vergrößere das vordere Loch auf ungefähr 5 mm Durchmesser. (Später kann man es durch ein schwarzes Papier mit Loch wieder verkleinern.) Inwiefern verändert sich dabei das Bild? Begründung?

Experiment 2: Als „Do-it-Yourself-Fotograf" aktiv

4. Eine „Camera Obscura" (oder Lochkamera), mit der sich fast profimäßig fotografieren läßt, erhält man z. B. folgendermaßen (Abb. 16): Stanze in die Seitenwand einer leeren, oben offenen Konservendose eine Öffnung von zunächst einigen Millimetern Durchmesser. Kleide anschließend die Büchse innen vollständig mit schwarzem Papier aus, wobei die Öffnung natürlich freizuhalten ist, oder streiche sie innen schwarz an. So läßt sich beim späteren Fotografieren störendes Streulicht vermeiden.

   Bastle einen Deckel aus Karton oder Tüchern, mit dem sich die Kamera oben 100%ig abdichten läßt. Um später das Fotopapier richtig haltern zu können, baue im weiteren mit zwei Kartonstreifen eine Führung gegenüber dem Loch ein.

5. Die Herstellung des eigentlichen Loches erfordert äußerste Sorgfalt, da es ganz wesentlich die spätere Bildqualität bestimmt. Stich dazu mit einer dünnen Nadel ein kleines Loch in Aluminiumfolie und überklebe mit dieser die zuvor ausgestanzte Öffnung.

   Die optimale Lochgröße, welche später die schärfsten Bilder ergibt oder, wie der Fachmann sagt, Bilder mit der größten Auflösung, berechnet man folgendermaßen:

   $$r = \sqrt{b \cdot \lambda}$$

   $r:$ Lochradius
   $b:$ Bildweite
   $\lambda:$ Lichtwellenlänge

   Bei einer dem normalen Tageslicht entsprechenden durchschnittlichen Lichtwellenlänge von 550 nm und einer Bildweite von 0,12 m ergibt das einen Lochradius von 0,256 mm, d. h. einen Durchmesser von ungefähr 0,5 mm. Das Loch sollte im weiteren keine ausgefransten Ränder aufweisen, da diese zu störenden Beugungserscheinungen führen. Beim Lochstechen heißt es: „Probieren geht über Studieren!"

6. Fotografieren mit dem „einfachsten Fotoapparat der Welt": Das Fotopapier (oder der Planfilm) müssen im dunklen Fotolabor eingesetzt und später dort auch wieder herausgenommen werden. Dies ist leider ein unumgänglicher Nachteil unserer Lochkamera. Das Loch ist zudem natürlich zuzukleben und nur während des späteren Fotografierens zu öffnen. (Am einfachsten ist allerdings die Verwendung von Polaroid-Kassetten, denn damit vermeidet man den Weg zum „dunklen Fotolabor".)

Die Belichtungszeiten lassen sich mit einem Belichtungsmesser bestimmen:

- Notiere dazu die Empfindlichkeit des Films.
- Die Blendenzahl der Kamera bestimmt sich aus Lochdurchmesser d und Bildweite b zu b/d (z. B. $b = 12$ cm, $d = 0,5$ mm ergibt Blende 240). Da die hohen Blendenzahlen an den meisten Belichtungsmessern nicht mehr angegeben sind, muß man mit einer tieferen Blendenzahl vergleichen: Zeigt der Belichtungsmesser z. B. für Blende 11 eine Zeit von $\frac{1}{60}$ s an, so ergibt sich für unsere Lochkamera eine $(^{240}/_{11})^2 \approx 500$mal längere Belichtungszeit, d. h. ca. acht Sekunden.
- Wegen der langen Belichtungszeiten eignen sich Lochkameras besonders für Landschaftsaufnahmen. Aber versuche es ruhig auch einmal mit Portraits!

7. Die Fotoentwicklung: Die Bilder lassen sich wie jeder normale Film entwickeln und später auch vom Negativ zum Positiv umkopieren.

Abb. 16: Zwei „Camerae Obscurae": Links ein einfaches Kartonmodell, rechts eine Lochkamera zum Fotografieren

4.2 Eine „Fata Morgana" direkt vor der Haustür

Böhmerwald stand kopf

Berlin. 25. Jan. (AP) Ein seltenes Naturspiel erlebten am Dienstagmorgen die Meteorologen und Besucher auf dem 1214 Meter hohen *Fichtelberg* nahe Karl-Marx-Stadt in der DDR: Der 150 Kilometer entfernte Böhmerwald war auf den Kopf gestellt zu sehen, berichtete die Ostberliner Nachrichtenagentur ADN. Bei dem beobachteten Phänomen handelt es sich um eine *Fata Morgana*, eine nur bei bestimmten Hochwetterlagen eintretende *Luftspiegelung*.

Versuchsziel: Beobachte und erkläre sowohl das sogenannte Luftflimmern, als auch eine Luftspiegelung direkt vor der Haustür.

Vorbereitung: Reflexions- und Brechungsgesetz, Totalreflexion, Wärmeausdehnung von Gasen (qualitativ).
Material: Gaskocher (oder evtl. Kerze, bzw. elektrische Herdplatte), von der Sonne beschienene Hauswand.

Durchführung und Auswertung

1. *Das Luftflimmern:*
   a) Zünde einen Gaskocher an (eine Kerze oder eine elektrische Herdplatte genügen notfalls auch) und betrachte dann über die möglichst starke Gasflamme hinweg den Hintergrund. Notiere die Beobachtungen. (Eine Kerze liefert eine nicht ganz so ausgeprägte Erscheinung; bei einer heißen Herdplatte muß man nur einige Millimeter über sie hinweg den Hintergrund betrachten.) Weiter zur eigentlichen Erklärung des Phänomens:
   b) Wo weist die Temperatur besonders hohe Werte auf?
   c) Wie und warum ändert sich mit der Temperatur der Brechungsindex der Luft bzw. des Gases?
   d) Erkläre damit jetzt das Flimmern der Luft.

2. *Die Luftspiegelung:*
   a) An einem sonnigen, windstillen Tag lassen sich leicht Luftspiegelungen vor sonnenbeschienenen Holzwänden und Mauern beobachten. Suche hierzu am besten eine Wand, welche von den direkten, möglichst senkrecht einfallenden Sonnenstrahlen aufgeheizt wird. Für dieses Experiment sind gerade, glatte, dunkle Holzwände am besten geeignet, aber auch glatte, nicht allzu helle Mauern bieten sich an. Betrachte nun ein kleines, aber ausgeprägtes Detail (z. B. kleines Fenster, Baumstamm, Schornstein) aus dem Hintergrund und zwar so, daß man nur einige Millimeter vor der Wand an dieser entlangblickt (Abb. 17). Bewege den Kopf nach rechts und links, nach oben und unten, um möglichst die beste Position für eine Luftspiegelung zu finden. Beschreibe exakt das beobachtete Naturschauspiel.

b) Zur Auswertung: Überlege, wie sich die Temperatur vor der Wand verändert.
c) Welche Änderungen ergeben sich damit für den Brechungsindex?
d) Erkläre anhand einer Zeichnung mit Strahlengängen das beobachtete Phänomen.

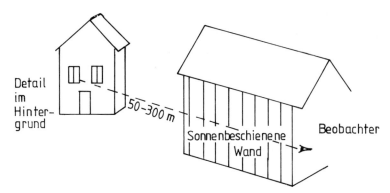

Abb. 17: Die Beobachtung einer Luftspiegelung vor der Haustür

Zusatzfragen

1. Wo tritt im Alltag sonst noch häufig ein Flimmern der Luft auf?

2. Im Hochsommer scheinen sich manchmal Wasserlachen über den Asphaltstraßen zu befinden. Von weitem sieht es jedenfalls so aus, beim Näherkommen entpuppen sich diese Lachen jedoch als ein Nichts. Gib für diese Erscheinung eine Erklärung.

3. Erläutere anhand einer Zeichnung das im einleitenden Zeitungsartikel beschriebene Naturschauspiel „Böhmerwald stand kopf". Bedenke dabei, daß diese Luftspiegelung im Winter (25. Januar!) bei vermutlich tiefen Bodentemperaturen beobachtet wurde.

4.3 Tief ins Weinglas schauen

Es gibt verschiedene Möglichkeiten, (zu) tief ins Glas zu schauen. Die wohl den meisten bekannte Art verursacht einen Kater, die andere, um welche es hier geht, hat hingegen „physikalische Kopfschmerzen" zur Folge. Schaut man nämlich tief – für einmal allerdings von der Seite – in ein gefülltes, bauchiges Weinglas, so ...

Versuchsziel: Studiere die Optik eines Weinglases.

Vorbereitung: Brechung, optische Abbildung: Strahlengang, Abbildungsgleichung.
Material: 1 bauchiges Weinglas (Glas für „Schoppen" bzw. „Viertele"), 1 Lineal, 1 weißes Kartonpapier.

Durchführung

1. Fülle das Weinglas mit Wasser (unter anderen Umständen auch mit Weißwein) und schaue von der Seite durch das Glas hindurch. Halte es dazu am besten vor ein Fenster mit der Landschaft im Hintergrund. Was läßt sich beobachten?

2. Um das erste Experiment erklären zu können, soll noch ein verblüffendes zweites durchgeführt werden: Stelle dazu das Weinglas ca. 1–2 m hinter ein Fenster und halte dann im Abstand von einigen Zentimetern ein weißes Kartonpapier hinter das Glas, so daß das Weinglas zwischen Karton und Fenster steht. Variiere den Abstand Blatt – Glas und notiere genauestens die Beobachtungen.

Auswertung

1. Erkläre zunächst das zweite Experiment und fertige eine Skizze mit dem Strahlengang an.

2. Nun zum ersten Versuch:
   a) Überlege – nach den Erfahrungen des zweiten Experimentes –, wo sich das „Bild" befindet.
   b) Auf welche Entfernung stellt das Auge also ein, d. h. auf welche Distanz akkommodiert es?
   c) Zeichne auch für diesen Versuch eine Skizze mit Strahlengang.

Zusatzfragen

1. Wie groß ist ungefähr die Brennweite des Weinglases? Von welchen Parametern hängt sie ab?

2. Wann weist ein Glas die kürzere Brennweite auf, wenn es mit Wasser oder wenn es mit Wein gefüllt ist?

3. Welche Änderungen ergeben sich in obigen Experimenten, wenn statt des bauchigen Glases ein Becherglas (Zylinderform) genommen wird?

4.4 Wie funktioniert ein Diaprojektor?

Es gibt eine Vielzahl von Projektionsgeräten, so z. B. Diaprojektor, Filmprojektor, Episkop, Hellraumprojektor. Prinzipiell sind alle gleich aufgebaut, d. h. es gelangen in jedem Fall dieselben physikalischen, speziell optischen Gesetze zur Anwendung. Der Diaprojektor weist jedoch den einfachsten Aufbau auf, so daß er – stellvertretend für die anderen Projektionsgeräte – im folgenden genauer untersucht werden soll.

Versuchsziel: Baue einen Diaprojektor – teilweise – auseinander und analysiere seinen Aufbau.

Vorbereitung: Hohlspiegel, Linse, optische Abbildung: Strahlengang und Abbildungsgleichung.
Material: Diaprojektor mit Magazin und einigen Dias; Meßband oder Zollstock; kleines, sauberes Tuch; evtl. Pinzette zum Herausnehmen eingeklemmter Dias.

Durchführung

1. *Achtung:* Ein Diaprojektor stellt ein optisches Präzisionsinstrument dar, das extrem sorgfältig behandelt werden muß. Insbesondere sind folgende Dinge zu beachten:
   a) Sämtliche optischen Komponenten, wie Linsen, Spiegel oder Lampe, dürfen nur mit einem sauberen Tuch angefaßt werden, niemals aber mit den Fingern, da schon allein infolge des Handschweißes die Gefahr einer starken Verschmutzung besteht.
   b) Vorsicht bei den stromführenden Teilen: Die Spannung von 220 Volt kann tödlich sein! Deshalb niemals das eingeschaltete Gerät berühren!
   c) Schaue nie direkt in das grelle Licht der eingeschalteten Lampe.

2. Doch nun zum eigentlichen Versuch: Entferne zunächst das Gehäuse des Diaprojektors. Dabei darf der Projektor nicht an den Strom angeschlossen sein! Fertige jetzt eine Schnittzeichnung sämtlicher optischer Komponenten einschließlich eines Dias an und notiere, wozu die einzelnen Bauteile dienen.

3. Projiziere ein Dia auf eine 2–3 m entfernte, helle Wand, stelle das Bild scharf ein und miß dann Bild- und Gegenstandsweite. Beachte dabei folgendes: Viele Objektive bestehen aus mehreren Linsen, einer sogenannten Linsenkombination. Als Ausgangspunkt für die beiden Längenmessungen ist die Mitte dieser Linsenkombination zu wählen.

4. Um einen späteren Vergleich mit der Brennweite zu ermöglichen, lies diese am Objektiv ab.

Auswertung

1. a) Welche Komponenten dienen dazu, das Dia richtig zu beleuchten?
   b) Schätze die Brennweiten dieser Bausteine ab.
   c) Wozu dient die eingebaute Glasplatte?

2. Berechne mit den Daten von Punkt 3 der Durchführung,
   a) wieviel mal größer das Bild auf der (Lein-)Wand gegenüber dem eigentlichen Dia ist,
   b) die Brennweite des Objektivs. Vergleiche diesen Wert mit dem auf dem Objektiv angegebenen.

Zusatzfragen

1. Ein Projektor ist so aufgestellt, daß das Dia einen Abstand von 3 m zur Leinwand aufweist. Wie weit muß in diesem Fall die Objektivlinse (Brennweite 120 mm) vom Dia entfernt sein, damit eine genaue Abbildung zustandekommt?

2. Beim Bau eines Schulhauses sind in allen Klassenzimmern vorne neben der Tafel normierte Leinwände (1,5 m mal 1,5 m) fest montiert worden. Gleichzeitig hat der Architekt für die Diaprojektoren kleine Schränke bzw. Tische hinten an der Rückseite des Zimmers vorgesehen. Die Länge der einzelnen Klassenzimmer schwankt dabei zwischen minimal fünf und maximal zehn Metern. Kann die Schule für alle Räume die gleichen Projektoren kaufen? Begründe die Antwort.

4.5 Die Spiegelreflexkamera

Versuchsziel: Untersuche und beschreibe Aufbau und Bedienung einer Spiegelreflexkamera.

Vorbereitung: Strahlengang durch einfache optische Bauelemente; Optische Abbildung: Strahlengang, Abbildungsgleichung, Vergrößerungsverhältnis.
Material: Spiegelreflexkamera mit Normalobjektiv (evtl. mit Betriebsanleitung), Zentimeterband oder Zollstock, durchscheinendes Pergamentpapier, Klebband, Schere.

Durchführung und Auswertung

1. *Das Äußere des Fotoapparates:* Für das Fotografieren sind vor allem vier Dinge wichtig: Filmtransport (den Apparat „spannen"), Einstellung von Entfernung, Belichtungszeit und Blendenzahl. Im folgenden sollen diese vier Bedienungselemente genauer untersucht werden:

a) Fertige zunächst eine einfache Skizze vom Apparat an, die als Vorlage für eine „Betriebsanleitung" dienen könnte. Beschreibe anhand dieser Skizze, wie und wo sich der Film transportieren sowie wo sich Entfernung, Zeit und Blende einstellen lassen.

b) Wie weit dürfen die zu fotografierenden Gegenstände maximal bzw. minimal vom Apparat entfernt sein? Überprüfe die vom Hersteller angegebene Minimaldistanz experimentell.

c) Welches sind die kürzest- bzw. längstmöglichen Belichtungszeiten?

d) Schaue durch den Sucher und notiere, welche Helligkeitsänderungen sich bei Veränderung der Blendenzahl ergeben. Bei welcher Zahl ist die Helligkeit am größten, bei welcher am kleinsten?

2. *Die Filmentnahme:* Für die folgenden Experimente sollte ein eventuell eingelegter Film aus der Spiegelreflexkamera herausgenommen werden. Notiere die Bildnummer und spule dann den Film zurück, allerdings nur so weit, daß der Film nicht ganz in der Filmdose verschwindet, sondern daß noch ein Ende herausschaut. Ein Fotoamateur kann hierbei dem ungeübten Fotografen vielleicht helfen. Öffne anschließend den Apparat und entnimm diesem den Film.

3. *Das Innere des Fotoapparates:*

a) Notiere die Brennweite des Objektivs: Warum spricht man bei einer Brennweite von 50 oder 55 mm von einem „Normalobjektiv"? Nimm das Objektiv vom Kameragehäuse ab. Sind an den Objektiv-Endflächen Konvex- oder Konkav-Linien sichtbar?

b) Schaue durch das Objektiv und verändere dabei die Blendenzahl. (Bei einigen Objektiven muß dazu gleichzeitig noch ein kurzer herausragender Metallstift hinuntergedrückt werden.) Zeichne die sogenannte Irisblende bei großer und kleiner Blendenzahl.

c) Drücke auf den Auslöser (Verschlußzeit größer als $\frac{1}{8}$ s) und beobachte dabei den Spiegel im Kameragehäuse. Wozu dient dieser Spiegel?

4. *Das Entstehen eines Bildes:*

a) Baue für das folgende Experiment das Objektiv wieder ein und klebe anschließend mit einem Klebeband ein Blatt Pergamentpapier an die Stelle im Kameragehäuse, wo sich normalerweise der Film befindet. Halte die hinten geöffnete Kamera nun in Richtung eines hellen Gegenstands und stelle die Distanz ein, als ob er fotografiert werden sollte. Achte dabei darauf, daß möglichst wenig Licht von hinten auf das Pergamentpapier fällt. Stelle die Belichtungszeit auf „B" ein, drücke auf den Auslöser, und . . . fertig ist der verblüffende „Schnappschuß"! Was läßt sich nämlich am Pergamentpapier beobachten?

b) Überprüfe experimentell, ob die Objektivlinse bei Landschaftsaufnahmen (Entfernung ∞) oder bei Nahaufnahmen weiter vom Film entfernt ist? Miß mit dem Lineal, um wie viele Millimeter das Objektiv bei der Einstellung von ∞ auf Minimaldistanz verschoben wird. Vergleiche diesen experimentellen Wert mit dem theoretischen: Berechne hierzu die Bildweiten b_1 und b_2 bei den Gegenstandsweiten $g_1 = \infty$ und g_2 = Minimaldistanz.

5. *Blendenzahl und Belichtungszeit:*

   a) Mit Hilfe der Blende läßt sich die Öffnung für den einfallenden Lichtstrahl variieren: Je mehr die Blende geöffnet ist, desto mehr Licht fällt auf den Film. Die eigentliche Blendenzahl ist jeweils definiert als „Objektivbrennweite *f* dividiert durch den Durchmesser *d* der Irisblende".
   Welchen Durchmesser sollte demnach die Irisblende des Fotoobjektivs aufweisen, wenn die kleinste Blendenzahl eingestellt ist? Vergleiche diesen berechneten Wert mit dem wirklichen: Miß dazu bei ausgebautem Objektiv den zur kleinsten Blendenzahl gehörigen Blendendurchmesser. (Auch wenn die Irisblende nicht direkt frei zugänglich ist, läßt sich der Durchmesser doch recht genau bestimmen.)

   b) Für die Belichtung des Films ist u. a. der Querschnitt der Blendenöffnung entscheidend: Um welchen Faktor ändert sich aber dieser Querschnitt, wenn die Blendenzahl um eine Stufe größer gestellt wird, z. B. von 4 auf 5,6? Beantworte diese Frage aufgrund eigener Messungen und Berechnungen für die erwähnten Blendenzahlen.

   c) Beim Fotografieren lassen sich für die richtige Belichtung des Films entweder Blendenzahl oder Belichtungszeit einstellen. Zwischen diesen beiden Größen besteht ein einfacher Zusammenhang: Inwiefern muß man nämlich die Belichtungszeit verändern, wenn die Blendenzahl um eine Stufe größer gestellt wird, die „Belichtung" des Films aber insgesamt unverändert bleiben soll?

   d) Wie müßten demnach Belichtungsdauer und Blendenzahl eingestellt werden, um schnelle Bewegungen aufnehmen zu können?

6. *Blendenzahl und Schärfentiefe:*

   a) Warum werden im Fotoapparat überhaupt Blenden eingebaut, die das Objektiv lichtschwach machen? Eigentlich sollte man doch froh sein, wenn das Objektiv möglichst lichtstark ist. Um diese Frage zu beantworten, führe folgendes letztes Experiment aus:
   Schaue durch den Sucher und stelle bei tiefster Blendenzahl auf ungefähr zwei Meter Distanz scharf ein. Sind Vorder- und Hintergrund des Bildes ebenfalls scharf? Verändere die Blendenzahl nun auf größere Werte. Wie steht es jetzt mit der „Schärfentiefe", d. h. mit der Schärfe von Vorder und Hintergrund?

   b) Erkläre das beobachtete Phänomen anhand Abb. 18.

   c) Am Objektiv gibt eine Skala die Schärfentiefe für jede Blendenzahl an. Welche Schärfentiefe läßt sich mit dem vorliegenden Objektiv z. B. bei einer mittleren Entfernung von fünf Metern maximal erreichen? Wie muß dazu der Apparat eingestellt werden?

   d) Eine große Schärfentiefe mag in vielen Fällen ja erwünscht sein. Welchen Nachteil muß man dafür aber in Kauf nehmen?

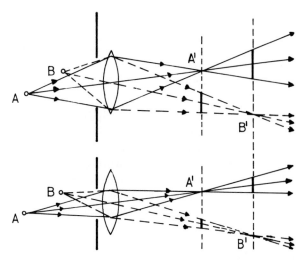

Abb. 18: Zur Erklärung der Schärfentiefe bei großer und kleiner Blendenöffnung

Zusatzfragen

1. Welche Vorteile weisen
   a) ein Fotoapparat gegenüber einer Lochkamera,
   b) eine Spiegelreflexkamera gegenüber einem kleinen, einfachen Fotoapparat auf?

2. Die Reihenfolge der Blendenzahlen ist international normiert: 1 / 1,4 / 2 / 2,8 / 4 / 5,6 / 8 / 11 / 16. Wie kommt man ausgerechnet auf diese Zahlen? (Tip: Bilde einmal die Quadrate dieser Blendenzahlen.)

3. Für eine Aufnahme gibt der Belichtungsmesser einer Spiegelreflexkamera eine Blendenzahl von 2 bei einer Belichtungszeit von $\frac{1}{500}$ s an. Da der Fotograf eine größere Schärfentiefe erzielen möchte, stellt er die Blendenzahl auf 8 ein. Welche Belichtungszeit muß er dann wählen?

4. Eine 1,80 m große Person wird aus 20 m Entfernung mit einer Spiegelreflexkamera fotografiert. Wie groß erscheint die Person auf dem Film, wenn a) ein Normalobjektiv f_1 = 50 mm und b) ein Teleobjektiv f_2 = 200 mm verwendet wird?

4.6 Wassertropfen glitzern in allen Regenbogenfarben

Wie läßt sich das Naturschauspiel eines Regenbogens erklären? Der englische Philosoph und erste Kanzler der Universität Oxford, Robert Grosseteste (ca. 1175–1253), entwickelte als einer der ersten eine Theorie vom Regenbogen (vgl. SAMBURSKY, 1975):

„... Es ist nicht möglich, daß der Regenbogen durch Sonnenstrahlen entsteht, die von der Sonne geradlinig in eine konkave Wolke fallen. Sie würden nämlich in der Wolke ein kontinuierliches Leuchten bewirken, das nicht als Bogen erscheint, sondern sich zu der Seite der Sonne hin öffnen würde, aus der die Strahlen in die Höhlung der Wolke eintreten. Auch kann der Regenbogen nicht so entstehen, daß sich die Sonnenstrahlen auf der konvexen Seite der Feuchtigkeit, die von der Wolke herabsinkt, brechen wie auf einem konvexen Spiegel und die konkave Wolke die reflektierten Strahlen aufnehmen und so der Regenbogen erscheinen würde. Wäre dem so, so hätte der Regenbogen durchaus nicht die Gestalt eines Bogens und wäre, je höher die Sonne steht, desto größer und höher, je niedriger die Sonne steht, um so kleiner. Das Gegenteil davon ist wahrnehmbar. Es ist also notwendig, daß der Regenbogen durch Brechung der Sonnenstrahlen in der Feuchtigkeit einer konvexen Wolke entsteht ..."

Dem Philosophen Grosseteste gelingt es damit nur ansatzweise, die Entstehung eines Regenbogens zu deuten. Versuchen wir im folgenden Experiment, eine vollständige Theorie zu entwickeln.

Versuchsziel: Erkläre anhand glitzernder Wassertropfen das Naturphänomen eines Regenbogens.

Vorbereitung: Brechung, Totalreflexion, Spektralfarben des Lichts, Prismenspektrum.
Material: Farbfoto oder Dia mit Haupt- und Nebenregenbogen, Diaprojektor oder sonstige helle Lampe, Wasserzerstäuber, Spritze ohne Injektionsnadel, Halterung für die Spritze, Winkelmesser, großer Karton (mind. 40 × 40 × 60 cm).

Durchführung und Auswertung

1. *Der Regenbogen als Naturschauspiel:* Beschreibe anhand eines Fotos, unter welchen Umständen ein Regenbogen überhaupt nur entstehen kann. Fertige eine einfache Arbeitsskizze an, die zeigt, wie Haupt- und Nebenregenbogen, Sonne, Regenwolken und Beobachter ungefähr zueinander stehen. Zeichne außerdem die Farben in ihrer natürlichen Reihenfolge ein.

2. *Der Regenbogen beim Wasserzerstäuben:*
   a) Um einen Regenbogen in Wirklichkeit beobachten zu können, genügen bereits die Tropfen eines Wasserzerstäubers: Erzeuge draußen bei Sonnenschein eine kleine künstliche Regenwolke und suche darin einen Regenbogen zu finden. Selbstverständlich müssen dazu Sonne, „Regenwolke"

und Beobachter richtig zueinander stehen (vgl. Versuchsteil 1). Am besten läßt sich der Regenbogen mit nur einem Auge - das andere bleibt geschlossen - vor einem dunklen Hintergrund beobachten. In welcher Reihenfolge treten die Farben nun bei diesem Regenbogen auf?

b) Bestimme den ungefähren Winkel zwischen dem einfallenden Licht und dem vom Regenbogen zum Beobachter gelangenden farbigen Licht.

3. *„Der Regenbogen im Wassertropfen"*: Die Farbentstehung im Haupt- und Nebenregenbogen sowie die charakteristischen Winkel sollen mit diesem Teilexperiment genauer analysiert werden. Baue gemäß Abb. 19 den Versuch auf. Achte dabei auf folgendes:

- Der Lichtstrahl sollte am Karton so hoch wie möglich verlaufen, das bedeutet also hoch liegende Eintrittsöffnung. Damit wird dann das weitere Beobachten bequemer und einfacher.
- Zudem ist es notwendig, daß sich das Licht wirklich genau horizontal ausbreitet.
- Der Wassertropfen darf höchstens einen Durchmesser von 2–3 mm aufweisen. Andernfalls wackelt er zu sehr hin und her, so daß eine wirklich exakte Beobachtung unmöglich wird.

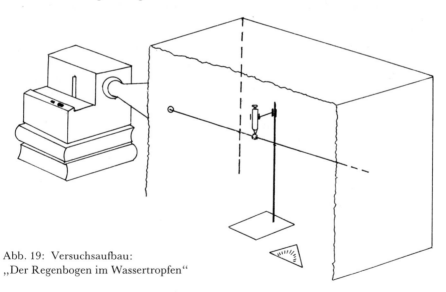

Abb. 19: Versuchsaufbau:
„Der Regenbogen im Wassertropfen"

Dieser Tropfen steht stellvertretend für die Millionen von Wassertropfen in einer Regenbogen-Wolke. Untersuche nun, unter welchen Bedingungen er in allen Regenbogenfarben leuchtet. Schaue dazu mit nur einem Auge, welches sich genau auf der Höhe des Lichtstrahles befinden soll, den Wassertropfen von verschiedenen Seiten an, d. h. unter verschiedenen Winkeln α (Abb. 20). An zwei Punkten, also unter zwei verschiedenen Winkeln, läßt sich ganz am Rande – das eine Mal rechts, das andere Mal links – ein farbiges Glitzern erkennen. Um dieses Funkeln sehen zu können, bedarf es allerdings einer absolut exakten Beobachtung.

a) Unter welchen Winkeln α_1 und α_2 tritt das Glitzern auf? Funkelt es dabei am rechten oder linken Rand des Tropfens?

b) In welcher Reihenfolge erscheinen jeweils die einzelnen Spektralfarben?

c) Vervollständige Abb. 20, indem zusätzlich die verschiedenen farbigen Lichtstrahlen außerhalb des Tropfens eingezeichnet werden.

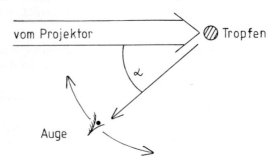

Abb. 20: Die Beobachtung eines glitzernden Wassertropfens (Versuchsanordnung von oben betrachtet)

4. *Der Strahlengang im Wassertropfen:* Wie verlaufen nun aber die Lichtstrahlen im Wassertropfen? Beobachte hierzu unter dem kleineren der beiden Winkel α_1 und α_2 den glitzernden Tropfen. Decke dann den einfallenden, weißen Lichtstrahl derart ab, daß nur noch die rechte bzw. linke Hälfte des Tropfens beleuchtet wird.

a) Wann erlischt das Glitzern? An welcher Stelle tritt also das für das Funkeln verantwortliche Licht in den Wassertropfen ein?

b) Skizziere den Strahlengang im Tropfen und erkläre die Entstehung der Farben.

c) Wiederhole dieses Experiment einschließlich Auswertung mit der zweiten glitzernden Stelle.

5. *Eine zusammenfassende Erklärung:* Mit den Resultaten der beiden letzten Teilexperimente sollte es möglich sein, die Entstehung von Haupt- und Nebenregenbogen exakt zu erläutern.

a) Beschreibe anhand einer Skizze mit einfallendem, weißen Licht, einigen „charakteristischen" Wassertropfen, farbigen Lichtstrahlen und Beobachter das Zustandekommen der beiden Regenbogen.

b) Wie läßt sich die Reihenfolge der Farben erklären?

c) Warum besitzt der Regen-„Bogen" immer die Gestalt eines Bogens?

d) Wieso leuchtet der Nebenregenbogen viel schwächer als der Hauptbogen?

e) Welche Punkte in Grossetestes Erklärung (siehe Einleitung) sind richtig, welche falsch?

4.7 Spielerei mit Seifenblasen

Versuchsziel: Untersuche und erkläre in drei voneinander unabhängigen Experimenten den leichten Flug einer Seifenblase, den Druck in einer Seifenblase und die schillernden Farben auf der Seifenhaut.

Vorbereitung: Auftrieb, Dichte und Wärmeausdehnung; Kräfteparallelogramm, Druck, zwischenmolekulare Kräfte; Wellenmodell des Lichts, Farbe und Wellenlänge, Reflexion an festen und freien Enden, konstruktive und destruktive Interferenz.

Material: Seifenlösung aus dem Spielwarengeschäft, zwei Strohhalme (am besten Plastik-Trinkhalme, welche oben eine flexible Stelle aufweisen, an der sie sich leicht biegen lassen; vgl. Abb. 21), Kerze, Streichhölzer, Schere.

Durchführung und Auswertung

1. *Der Flug einer Seifenblase:* Wer Freude an Seifenblasen hat, mag zunächst ruhig ausgiebig seinem Hobby frönen und Seifenblasen schweben und fliegen lassen. Doch dann zum Ernst der Sache: Wieso fliegen Seifenblasen so leicht? Müßten sie aufgrund ihres Gewichts nicht viel schneller zu Boden sinken?

   a) Beobachte und beschreibe die einzelnen Flugphasen einer Seifenblase, welche horizontal weggeblasen wurde. Für exakte Beobachtungen ist hierbei absolute Windstille eine unabdingbare Voraussetzung.

   b) Überlege, welche verschiedenen Kräfte auf eine Seifenblase wirken und wie sich die Temperatur der Luft im Innern der Blase ändert. Erkläre damit das Flugverhalten.

2. *Der Druck in einer Seifenblase:*

   a) Das Leben einer Seifenblase findet in jedem Fall ein jähes Ende: Sie platzt. Weist das Innere der Seifenblase also einen Über- oder einen Unterdruck auf? Ein kleines Experiment mag die Antwort erleichtern:
   Statt des mitgelieferten Ringes soll dabei allerdings ein Trinkhalm zum Aufblasen dienen. Schneide den unteren Teil des Halmes kreuzweise ein und spreize die Enden (Abb. 21). Hier lassen sich nun schöne, große Blasen erzeugen. Was geschieht aber, wenn man mit dem Aufpusten aufhört und anschließend – bei noch angehängter Seifenblase – das Mundstück freigibt? Um diese Frage zu beantworten, halte das offene Mundstück vor den unteren Teil einer leuchtenden Kerzenflamme. Erkläre den beobachteten Vorgang. Wie groß oder klein ist also der Druck im Innern einer Blase?

   b) Durch diesen Druck wird auf die Seifenhaut eine Kraft ausgeübt, und damit müßte die Haut schon nach kürzester Zeit platzen. Erkläre anhand einer Skizze, welche anderen Kräfte dem aber entgegenwirken.

   c) Ein letztes verblüffendes Experiment zum Druck: Was geschieht, wenn zwei verschieden große Blasen durch zwei Strohhalme miteinander verbunden werden (Abb. 22)? Wie läßt sich das beobachtbare Phänomen erklären?

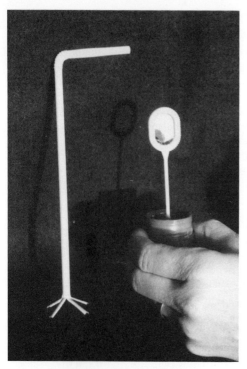 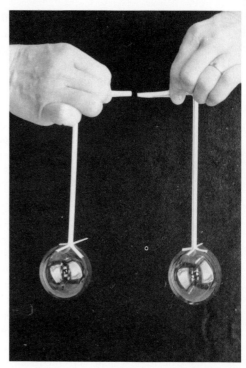

◁ Abb. 21: Utensilien für Seifenblasenspielereien: Präparierter Strohhalm und Drahtring

▷ Abb. 22: Zwei „kommunizierende Seifenblasen"

3. *Die schillernden Farben:* Daß eine Seifenblase in allen „Regenbogenfarben" schillert, läßt sich leicht erkennen. Newton untersuchte dieses Phänomen bereits vor 300 Jahren, ohne es allerdings klären zu können. Versuchen wir nun das Geheimnis zu lüften: Wie können in einer farblosen Flüssigkeit, wie z. B. Seifenwasser, die leuchtendsten Farben entstehen?

a) Eine erste, exakte Beobachtung mag da helfen: Stelle die schaumfreie Seifenlösung bereit (auf keinen Fall vorher schütteln!), tauche den Drahtring hinein und stelle diesen dann auf den Kopf, d.h. mit dem Verschluß nach unten, auf eine feste Unterlage, z. B. auf einen Tisch. Dabei soll Licht (normales Tageslicht reicht hier; kein direktes Sonnenlicht!) unter einem Einfallswinkel von ca. 45° auf die Oberfläche der schaumfreien Seifenhaut fallen. Betrachte nun das reflektierte Licht, das in den meisten Fällen eine gleichmäßig farbige Struktur erkennen läßt. *Achtung:* Damit die Farben wirklich voll zur Geltung kommen, muß durch Bewegen des Kopfes die optimale Beobachtungsstelle gefunden werden! Fertige aufgrund der Beobachtungen eine Skizze an, welche das Farbmuster der Seifenhaut widerspiegelt.

b) Wer die Entwicklung der Farben exakt studiert, kann sogar den Moment voraussagen, in dem die Seifenhaut platzt. Wann nämlich?

c) Bis zu diesem Punkt gelangte auch Newton; wir wollen jetzt aber auch noch anhand einer Skizze eine Erklärung liefern: Zeichne im Querschnitt einen Teil der vertikalen Seifenhaut mit 2,25 cm Dicke, dazu einen monochromatischen Lichtstrahl der Wellenlänge $\lambda = 3$ cm, welcher unter einem Winkel von ungefähr 15° auf die Seifenhaut fällt. Skizziere nun den weiteren Strahlverlauf. Bedenke dabei, daß

   – der Strahl sowohl reflektiert, als auch gebrochen wird,
   – der gebrochene Strahl eine kleinere Wellenlänge aufweist (welche?),
   – der gebrochene Strahl an der hinteren Grenzfläche ebenfalls reflektiert wird,
   – die Reflexion an festen und freien Enden unterschiedlich verläuft.

d) Analysiere, inwieweit die Überlagerung der beiden reflektierten Strahlen – Reflexion an vorderer und hinterer Grenzfläche – für die Farbentstehung verantwortlich ist.

e) Wie läßt sich somit das Interferenzmuster des obigen Teilexperiments 3 a erklären?

Zusatzfragen

1. Ein monochromatischer Lichtstrahl (Wellenlänge λ) werde – ähnlich obigem Experiment – an einer dünnen Schicht senkrecht reflektiert (Schichtdicke d, Brechungsindex n). Formuliere die mathematischen Bedingungen, unter denen bei der Reflexion

   a) konstruktive,
   b) destruktive Interferenz auftritt.

2. Welche ungefähre Dicke – in nm und mm – weist der obere Teil der Seifenhaut kurz vor dem Zerplatzen auf?

3. Zähle einige weitere Alltagsbeispiele von „Farben an dünnen Schichten" auf.

5 Akustik

5.1 Geschwindigkeitssünder in der Radarfalle

Im Jahre 1845 an einer Bahnlinie in Utrecht (Niederlande): Das versammelte Sinfonieorchester der Stadt Utrecht wartet, zusammen mit dem Physiker Buys-Ballot, auf den Zug, der sich mit der damalig unvorstellbaren Spitzengeschwindigkeit von 40 km/h nähert. Laut pfeifend und schnaubend braust die Dampflokomotive vorbei, und siehe da, die Profi-Musiker mit ihrem guten Gehör stellen einstimmig fest: Der Pfeifton hat sich beim Vorbeirasen des Zuges – ganz der Theorie entsprechend – um einen Halbton verändert. Buys-Ballot jubiliert: Zum ersten Mal ist es gelungen, den vom österreichischen Physiker Christian Doppler (1803–1853) vorhergesagten Effekt quantitativ nachzuweisen.

Dieser historische Versuch wird, – leicht abgewandelt und moderner konzipiert – auch jetzt noch verwendet, um den Zusammenhang zwischen Geschwindigkeit und Frequenzänderung quantitativ zu erfassen, z. B. bei der Radarfalle der Polizei.

Versuchsziel: Bestimme die Geschwindigkeit eines vorbeifahrenden (hupenden) Autos mit Hilfe des Dopplereffektes. Analysiere die „Radarfalle" der Polizei anhand eines Modellexperimentes.

Vorbereitung: Schallwellen: Geschwindigkeit, Tonhöhe, Frequenz; C-Dur-Tonleiter: Relative Frequenzverhältnisse, Intervalle, Halb- und Ganztöne; Dopplereffekt bei bewegter Schallquelle und ruhendem Beobachter.
Material: Blasinstrument, mit welchem sich tiefe Töne erzeugen lassen (Grundtöne c bis c'), Auto, Stimmgabel mit ungefähr 1700 Hz.

Durchführung des ersten Versuches

1. Die Geschwindigkeit eines vorbeifahrenden Autos läßt sich aufgrund des Dopplereffektes leicht abschätzen: Die Tonhöhe des herannahenden Autos weicht ja von der Tonhöhe des fortfahrenden Wagens ab. Diesen Tonhöhen-, d. h. Frequenzunterschied hört der Beobachter je nach Geschwindigkeit als Halbton (Frequenzverhältnis 16:15), als kleinen (10:9) oder großen (9:8) Ganztonschritt oder gar als kleine (6:5) oder große (5:4) Terz. Da nicht jeder Mensch ein „absolutes Gehör" besitzt, gilt es zunächst auf einem Blasinstrument ein Gefühl, d. h. besser ein „Gehör" für Halb- und Ganztonschritte zu bekommen. Um dabei dem Geräusch eines vorbeifahrenden Autos relativ nahe zu kommen, spiele auf einem Blasinstrument möglichst tiefe Töne, z. B. in der C-Dur-Tonleiter:

Halbtonschritt: c'/h (16:15)
kleine Sekunde (kl. Ganzton): h/a (10:9)
große Sekunde (gr. Ganzton): a/g (9:8)

Man präge sich die Tonschritte gut ein und behalte sie für das folgende Experiment „im Gehör".

2. Nun kann der eigentliche Versuch beginnen: Suche einen sicheren Platz am Rand einer Straße auf, „spitze die Ohren" und lasse einen Mitschüler in einem Auto mit relativ hoher Geschwindigkeit (50–80 km/h) vorbeifahren. Achtung: Auch wenn es sich um ein „wissenschaftliches" Experiment handelt, heißt es doch, sich an die Verkehrsregeln zu halten! Das gleichmäßige, lange Hupen, welches das exakte Hören des Tonschritts erleichtert, sollte ca. 50 m vor dem Beobachter einsetzen und erst 50 m hinter ihm beendet werden. Notiere, inwiefern sich der Hupton beim Vorbeifahren ändert und wie groß der Tonschritt dabei ist.

Durchführung des zweiten Versuches

Um „Rasern" und „Möchte-gern-Formel-I-Fahrern" auf die Spur zu kommen, steht die Polizei zwar nicht, wie im ersten Versuch, mit „gespitzten Ohren" am Straßenrand, aber auch sie bedient sich des Dopplereffektes. Eine „Radarfalle" sieht im Aufbau einfach aus (Abb. 23) und läßt sich im Modell (Abb. 24) leicht nachbauen und verstehen.

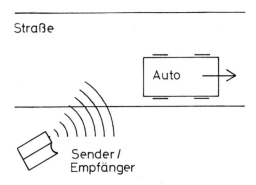

Abb. 23: Prinzipieller Aufbau einer Radarfalle

Die Radarfalle im Modell: Schlage eine Stimmgabel (ungefähre Frequenz 1700 Hz) kräftig an und halte sie mit der einen Hand vor das Gesicht. Bewege mit der anderen Hand ein Buch, eine Holzplatte o. ä. (Mindestgröße A 4) rasch auf den Kopf zu und weg, und zwar so, daß die Schallwellen vom Buch Richtung Ohr reflektiert werden. Welche akustischen Effekte lassen sich wahrnehmen?

Abb. 24: Eine „Radarfalle" im Modellversuch

Achtung: Da eine Stimmgabel nicht in alle Richtungen gleich intensiv abstrahlt, muß sie im obigen Versuch unbedingt so gehalten werden, daß ihre Abstrahlung zum Buch hin maximal ist (vgl. Abb. 24).

Auswertung des ersten Versuches

1. a) Läßt sich beim herannahenden oder wegfahrenden Auto ein höherer Ton feststellen?
   b) Beträgt der Tonschritt ungefähr einen Halb- oder Ganzton oder sogar mehr?
   c) Wie groß ist damit das Frequenzverhältnis der beiden Töne?

2. Berechne mit Hilfe der Dopplerformeln (Ruhender Beobachter, bewegte Quelle) die Geschwindigkeit des Autos: Bedenke dabei, daß für den Beobachter die Frequenz der Hupe im Vergleich zum ruhenden Auto einerseits erhöht, andererseits erniedrigt wird und daß es diese beiden neuen Frequenzen sind, die je nach festgestelltem Tonschritt in einem bestimmten Verhältnis zueinander stehen.

3. Wird der Tonschritt nur durch die Geschwindigkeit des vorbeifahrenden Autos beeinflußt oder auch durch die Grundfrequenz der (ruhenden) Hupe?

Auswertung des zweiten Versuches

4. Beschreibe und erkläre anhand einer Zeichnung, die auch die Wellenausbreitung skizziert, die beobachteten Phänomene.

5. Vergleiche sie nun mit der Radarfalle der Polizei (Abb. 23) und beschreibe auch hier Aufbau und Meßmethode. Kläre dabei die folgenden Fragen: Wie unterscheidet sich die empfangene von der gesendeten Frequenz? Inwiefern läßt sich vom Frequenzunterschied auf die Geschwindigkeit des Autos schließen?

Zusatzfragen

1. Welchen Tonschritt könnte man bei einem startenden Flugzeug vernehmen, wenn dieses mit 400 km/h über einen hinwegfliegt?

2. a) Mit welcher Geschwindigkeit fährt ein Auto an einer Radarfalle vorbei, wenn die Sendefrequenz der Radarwellen 10^{10} Hz beträgt, die reflektierten Wellen aber eine um 1320 Hz tiefere Frequenz aufweisen?
   b) Bewegt sich das Auto dabei auf die Meßstelle zu oder von ihr fort?

3. Zum weiteren Verständnis des Dopplereffektes läßt sich ein anschauliches Modell aus „Papierwellen" bauen. Vergleiche hierzu die Ausführungen von EDGE (1987) und bastele ein entsprechendes Modell.

5.2 „Maestro Physicus" und die Gitarre

Erste Gitarren tauchten im 13. Jahrhundert in Spanien auf. Dort zählte sie während Jahrhunderten und auch heute noch zu den beliebtesten Instrumenten. Von der Iberischen Halbinsel trat die „spanische Gitarre" ihren Siegeszug durch Europa und Amerika an: In Italien entstanden im 16. bis 18. Jahrhundert die reichsten Kompositionen für Gitarre, im deutschen Sprachraum wurde die Gitarre erst nach der Französischen Revolution eingeführt. Sie erlebte dann aber vor allem durch die sogenannte Jugendbewegung anfangs dieses Jahrhunderts einen enormen Aufschwung, der bis heute ungebrochen ist: Als Solo- oder Begleitinstrument fehlt sie weltweit in keiner „Band" und in fast keinem Orchester.

Versuchsziel: Musikalisch-physikalische Einführung in den Aufbau und das Spiel einer Gitarre (Tonhöhe einer Saite, Stimmen des Instrumentes, Obertöne und Klangfarbe).

Vorbereitung: Schallwellen, C-Dur-Tonleiter, Resonanz, stehende Wellen und Eigenschwingungen.
Material: Gestimmte Gitarre oder Laute, Zollstock, Papier, Schere.

Durchführung und Auswertung

1. *Der Aufbau des Instrumentes:* Erste Voraussetzung für eine Einführung in das Gitarrenspiel ist die Kenntnis um die Bezeichnungen der wichtigsten Instrumententeile. Als Ergänzung zu Abb. 25 sei noch erwähnt, daß die sechs Saiten, vom tiefsten zum höchsten Ton, auf e, a, d', g', h' und e'' gestimmt sind. Als Merkspruch für die Saitenreihenfolge dient den Gitarristen der Satz: „*E*ine *a*lte *D*ame *g*eht *H*ühnchen *e*ssen."

   a) Wie viele Oktaven umfaßt eine Gitarre damit mindestens?

   b) Zupfe eine einzelne Saite in der Mitte mit Daumen oder Zeigefinger an und beobachte ihre Bewegung. Wie läßt sich diese physikalisch charakterisieren?

2. Die Tonhöhe einer Saite: Daß jede Saite einen anderen Ton erzeugt, läßt sich durch leichtes Anzupfen der einzelnen Saiten schnell überprüfen. Versuche im folgenden die unterschiedlichen Tonhöhen zu erklären:

   a) Untersuche dazu die einzelnen Saiten genauer: Welchen Einfluß hat die Masse einer Saite auf ihre Tonhöhe? Von welchen Größen hängt die Masse ab?

   b) Durch die sechs Wirbel am Gitarrenkopf können die einzelnen Saiten unterschiedlich gespannt werden. Überprüfe experimentell an der e''-Saite, welchen Einfluß die Spannkraft auf die Frequenz hat. Wie läßt sich die Abhängigkeit zwischen Spannkraft und Tonhöhe erklären?

   c) Eine weitere, letzte Möglichkeit, die Tonhöhe einer Saite zu verändern, besteht darin, ihre wirksame Länge durch das sogenannte Abgreifen zu verkürzen: Hierbei wird die Saite durch einen Finger zwischen zwei Bundstäbchen auf das Griffbrett gedrückt. Auf welche Länge muß z. B. eine Saite verkürzt werden, damit sie eine Oktave höher klingt? Miß mit dem Zollstock diese Länge ab: Wo befindet sich das Bundstäbchen, an welchem dann die Gitarrensaite abgegriffen werden muß?

3. *Das Stimmen einer Gitarre:* Bei den sogenannten temperierten Tonleitern stehen die Frequenzen der einzelnen Töne jeweils in einem festen Verhältnis zueinander. So stehen in der C-Dur-Tonleiter die Frequenzen von c:d, d:e, f:g, g:a und a:h im Verhältnis 1:1,122 (ca. 8:9). Im Gegensatz zu diesen Ganztonschritten bilden e:f und h:c' Halbtonschritte mit einem Frequenzverhältnis von 1:1,059 (ca. 15:16).

   a) Berechne aufgrund dieser Information, auf welche wirksame Länge (in cm) die e-Saite der Gitarre verkürzt werden muß, damit die Töne f, g und a ertönen. Vergleiche diese berechneten Werte mit der Lage der Bundstäbchen auf der Gitarre. In welchem Bund muß also jeweils abgegriffen werden, damit f, g oder a ertönen?

   b) Spiele noch einmal auf der tiefsten Saite (e) den Ton a und beobachte dabei gleichzeitig die nächsthöhere Saite. Zupfe dann auch diese Saite an und vergleiche die beiden Töne miteinander. Wie lassen sich die beobachteten Phänomene erklären?

◁ Abb. 25: Die wichtigsten Teile einer Gitarre: 1) Kopf 2) Wirbel 3) Hals mit Griffbrett 4) Bund 5) Bundstäbchen 6) Körper 7) Steg

▷ Abb. 26: Papierreiter auf der a-Seite

   c) Welche Möglichkeit besteht damit, die sechs Saiten einer Gitarre aufeinander abzustimmen?

4.   *Grund- und Obertöne:* Zupft man eine Saite an, so schwingt sie nicht nur mit ihrer Grundfrequenz, sondern auch – zwar relativ schwach – mit anderen Frequenzen, den sogenannten Obertönen. Ein Experiment mag das bestätigen:

   a) Lege die Gitarre flach auf einen Tisch und verteile gleichmäßig auf der a-Saite 8–10 Papierreiter (Länge ca. 1 cm, Breite 4–5 cm). Diese dürfen nur auf der Saite aufsitzen, auf keinen Fall aber Kontakt mit Griffbrett oder Decke haben (Abb. 26). Zupfe dann auf der dritthöchsten Saite (g') den Ton a', indem diese Saite im zweiten Bund abgegriffen wird. Beschreibe und erläutere ausführlich die Beobachtungen.

   b) Welche Eigenfrequenzen besitzt also eine Saite mit der allgemeinen Grundfrequenz f_0? Zeichne die entsprechenden Schwingungsformen der Saite bei Grund- und erstem Oberton.

69

c) Die Obertöne einer Saite, die beim Anzupfen zwar schwach, aber doch immer mit dem jeweiligen Grundton gleichzeitig erklingen, machen den charakteristischen Klang, die sogenannte Klangfarbe einer Gitarre aus. Je nach Musikinstrument (Gitarre, Klavier, Harfe oder auch Blasinstrumente) schwingen bei gleichem Grundton jeweils andere Obertöne mit an, wodurch sich dann die unterschiedlichen Klangfarben der einzelnen Instrumente ergeben: Weich, warm, hart, „silbrig", etc.

Zusatzfragen

1. Von welchen drei Größen hängt die Tonhöhe einer Saite ab?

2. Wie müssen bei einer Temperaturerhöhung die Saiten nachgestimmt werden?

3. Auf welchen Teil ihrer Länge muß die a-Saite verkürzt werden, damit sie den gleichen Ton erzeugt wie die d'-Saite?

4. a) Welches ist der höchste Ton, der auf einer Gitarre gerade noch gespielt werden kann?
   b) Wie viele Oktaven umfaßt eine Gitarre damit maximal?

5. Wodurch wird
   a) die jeweilige Tonhöhe,
   b) die Klangfarbe eines Musikinstrumentes bestimmt?

5.3 Ein Flötenkonzert in fünf Sätzen

Flöten und ihre Vorgänger, die Pfeifen, gehören zu den ältesten Musikinstrumenten überhaupt: Ein abgeschnittenes Schilfrohr oder hohle Halme dienten schon den Urmenschen als Pfeifen. Je nach Rohrlänge lassen sich die unterschiedlichsten Töne erzeugen. Während Jahrhunderten wurden die einfachen Pfeifen weiterentwickelt, u. a. zur Panflöte mit ungefähr 20 Pfeifen nebeneinander oder zur Orgel mit bis zu 10 000 Pfeifen.

Statt nun für die verschiedenen Töne diverse Pfeifen nebeneinander zu haben, kann man aber auch auf einer einzigen, leicht „abgewandelten Pfeife" ganze Tonleitern erklingen lassen, so z. B. auf der Flöte, Querflöte, Klarinette, Trompete, etc. Es bedarf zwar eines virtuosen Könnens, um eine Flöte zum „Jubilieren" zu bringen, aber um die Funktionsweise eines so einfachen Blasinstrumentes zu verstehen, benötigt man nur einige physikalische Grundkenntnisse der Akustik. Also keine Angst vor der folgenden „Musiklektion" mit physikalischem Hintergrund!

◁ Abb. 27. Das Spielen von c''': Einzig das zweite obere und das einzelne hintere Schall-
loch sind geschlossen

▷ Abb. 28: Das Spielen von c'': Es müssen sämtliche Schallöcher geschlossen sein

Versuchsziel: Spiele auf der Flöte einige Töne oder eine kurze Melodie und
analysiere Aufbau und Funktionsweise dieses Blasinstrumentes.

Vorbereitung: Schallwellen, C-Dur-Tonleiter, stehende harmonische Wellen, Eigenfrequenzen, longitudinale Eigenschwingungen einer Luftsäule.
Material: Sopranflöte (evtl. auch Tenorflöte), Lineal oder Zollstock.

Durchführung und Auswertung

1. *Erste Einführung in das Flötenspiel:* Setze die Flöte leicht an die Lippen an und
   spiele einmal durch schwaches Anblasen verschiedene Töne. Spiele im
   weiteren die ganze C-Dur-Tonleiter von oben herab (c''', h'', a'', g'', f'',
   e'', d'', c''): Das dreigestrichene C erhält man durch Verschließen des
   zweitobersten und des einzigen auf der hinteren Seite liegenden Loches
   (Abb. 27). Durch sukzessives Schließen aller weiteren Löcher erklingt die
   ganze Tonleiter herab bis zum zweigestrichenen C (Abb. 28). Übrigens:
   „Es ist noch kein Meister vom Himmel gefallen!"

a) Notiere den qualitativen Zusammenhang zwischen Tonhöhe und wirksamer Pfeifenlänge.

b) Sind die beiden Pfeifenenden – im physikalischen Sinne – offen oder geschlossen?

c) Welche Art von Wellen können sich damit im Flöteninnern ausbilden?

d) Zeichne den Längsschnitt einer Flöte und für c'' die entsprechenden Schwingungsbäuche und Knoten.

2. a) *Tonhöhe, Frequenz und Pfeifenlänge:* Dem Ton c'' ist eine Frequenz von 528 Hz zugeordnet. Welcher Wellenlänge entspricht dies bei einer Temperatur von 20 °C? Welche Länge muß damit die zugehörige Luftsäule in einer Blockflöte aufweisen? Vergleiche diesen berechneten Wert mit der wirklichen Länge der Luftsäule (Messung mit dem Lineal).

Achtung: Etwaige Unterschiede lassen sich damit erklären, daß eine Schallwelle in der Flöte nicht an den Enden plötzlich aufhört, sondern daß sie noch etwas, d. h. einige mm bis cm, in den Raum „hineinlangt". Damit bewegen sich auch außerhalb des Instrumentes Luftteilchen mit. Nur so kann ja Schallenergie an den umgebenden Luftraum abgegeben werden, wodurch der Flötenton im Raum erst hörbar ist. Das Gleiche gilt ebenfalls für die offenen Löcher: Auch hier liegt das „Ende" der stehenden Welle nur in der Nähe des ersten offenen Loches (vom Mundstück gerechnet).

b) Welche Länge sollte die Luftsäule für den Ton c''' aufweisen? Vergleiche ebenso hier berechnete und gemessene Werte miteinander und erkläre eventuelle Unterschiede.

3. *Flötenspiel für Fortgeschrittene: Das Überblasen.* Der Flötenton wird nicht nur durch die jeweiligen offenen bzw. geschlossenen Löcher festgelegt, d. h. durch die Länge der Luftsäule, sondern ebenso bestimmt der Anblasdruck die Tonhöhe: Spiele zunächst einen nicht zu hohen Ton, z. B. e'' oder f'', und verstärke dann den Luftstrom beim Anblasen.

a) Welche Konsequenz hat dieses sogenannte Überblasen? Wie groß ist der Tonschritt? (Musiker hören das sofort; Physiker finden die Antwort durch Überlegen.)

b) Wie viele Oktaven umfaßt somit eine Blockflöte? Welche Töne bilden die Grundtöne (Grundfrequenzen), welche die Obertöne, die sogenannten ersten Harmonischen?

c) Skizziere auch für einen überblasenen Ton die Flöte mit Schwingungsbäuchen und Knoten.

4. *Das Mundstück:*

a) Wie entsteht nun aber der Ton beim Anblasen? Um diese Frage zu beantworten, ziehe das Mundstück aus der Flöte und untersuche seinen Aufbau. Es handelt sich hier um eine sogenannte Lippen- oder Labialpfeife. Analysiere und erkläre mit Hilfe geeigneter Literatur die Anregung einer derartigen Pfeife.

b) Das Mundstück selber kann, so wie es ist, als einfache, „offene" Pfeife dienen, läßt sich aber auch leicht in eine „gedackte" Pfeife umbauen. Verschließe dazu mit der Hand das offene Ende des Mundstückes. Inwiefern ändert sich jetzt der Ton? Jede Orgel weist übrigens neben offenen auch derartige gedackte Pfeifen auf. Zeichne für diesen Pfeifentyp die Schwingungsbäuche und Knoten der Grund- und der ersten Oberschwingung auf. Welcher Zusammenhang besteht dabei zwischen Pfeifenlänge und Frequenz?

5. *Schluß-Satz:* Wem bei diesem physikalischen Flötenkonzert das eigentliche Musizieren zu kurz gekommen ist, der mag jetzt noch das folgende Stück für Fortgeschrittene spielen: Es handelt sich dabei um den ersten Teil der Allemande der Sonate in F-Dur von JEAN BAPTISTE LOEILLET (1960).

Zusatzfragen

1. a) Wieso verstimmt sich eine Flöte bei tiefen oder hohen Temperaturen?
   b) Eine Flöte ist so gebaut, daß bei 20 °C der Ton a" mit genau 880 Hz schwingt. Auf welche Frequenz ändert sich der Ton bei 0 °C (Schallgeschwindigkeit 331 m/s) bzw. bei 100 °C (386 m/s)?
   c) Wie könnte eine Flöte dann wieder richtig gestimmt werden?

2. Der Grundton einer Orgelpfeife soll 24 hz betragen. Berechne die Länge einer offenen und einer gedackten Pfeife (Schallgeschwindigkeit 340 m/s).

6 Elektrizitätslehre

6.1 „Wenn einem die Haare zu Berge stehen"

Schon die Griechen beobachteten ein überaus seltsames Phänomen. Reibt man nämlich einen Bernstein kräftig an einem Tierfell oder an einem Wolltuch, so lassen sich mit dem geriebenen Bernstein leichte Gegenstände wie Asche, Teekräuter oder Papierschnipsel bewegen, ja sogar anheben. Das griechische Wort für Bernstein, „Elektron", prägte später den Namen für ein ganzes Wissenschaftsgebiet. Allerdings konnte während mehr als zweitausend Jahren das Geheimnis des „Elektrons" nicht gelüftet werden. Die folgenden, im doppelten Sinne „spannungsgeladenen" Experimente sollen Licht in jene mysteriösen Vorgänge bringen.

Versuchsziel: Untersuche und erkläre elektrische Alltagsphänomene: „Unsichtbare Kräfte, knisternde Pullover, Haare, welche zu Berge stehen" u. ä.

Vorbereitung: Positive und negative Ladungen, Glimmlampe als Strom- und Polanzeiger, Influenz, Bau des Wassermoleküls.
Material: Glasstab, Seidentuch, Fell (Katzen-, Lamm- oder Kaninchenfell), Kunststofftuch (Pullover oder Hemd), Glimmlampe (Zündspannung höchstens 90 V), Papier- oder Styroporschnipsel, Folie für Hellraumprojektor, verschiedene Gegenstände aus Kunststoff: Kamm, Kugelschreiber, Lineal oder Geodreieck.

Durchführung und Auswertung

1. Zwei Vorbemerkungen mögen die Versuchsdurchführung erleichtern:
   - Möglichst trockene Luft ist die wichtigste Voraussetzung für ein gutes Gelingen der Experimente. Nebel- und Regentage bzw. feuchte Zimmer sollte man unbedingt meiden. Ebenso müssen sämtliche verwendeten Gegenstände wirklich trocken sein, eventuell kann ein Fön hier wertvolle Dienste leisten.
   - Angst muß niemand haben: Auch wenn im folgenden Spannungen bis zu 100 000 Volt auftreten können, weisen die Stromstärken so extrem niedrige Werte auf, daß absolut keine Lebensgefahr besteht!
2. Nicht nur beim erwähnten Bernstein, sondern auch bei vielen weiteren Gegenständen des Alltags lassen sich verblüffende Vorgänge beobachten:
   a) Reibe mit einem Fell oder mit einem wollenen Tuch einen Gegenstand aus Kunststoff (Kugelschreiber, Lineal) oder einen Hartgummistab. Grundsätzlich kommt es beim Reiben weniger auf Schnelligkeit als vielmehr auf Kraft an. Halte dann den geriebenen Gegenstand in die Nähe kleiner

Papierschnipsel bzw. berühre diese. Welche Phänomene lassen sich beobachten?

b) Ein weiterer Versuch soll darin bestehen, daß man mit der Hand eine Glimmlampe an den geriebenen Gegenstand hält. Streiche – bei abgedunkeltem Raum – mit der Lampe dem Gegenstand entlang und beobachte, an welchem Pol die Glimmlampe leuchtet (Abb. 29).

c) Wiederhole „Papierschnipsel- und Glimmlampentest" mit einem Glasstab, welcher mit einem Seidentuch kräftig gerieben wurde.

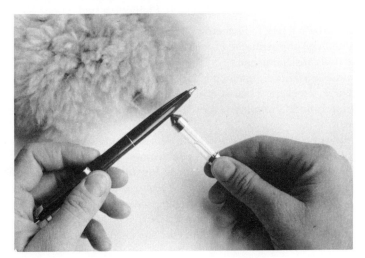

Abb. 29: Der Glimmlampentest

3. Wie lassen sich die obigen Phänomene erklären? Dazu ein paar intensive Überlegungen:

a) Was für Hinweise deuten darauf hin, daß es sich um elektrische Vorgänge handelt?

b) Welche Gegenstände werden durch das Reiben negativ, welche positiv aufgeladen?

c) Erkläre ausführlich die Vorgänge, die sich beim Reiben abspielen. Der Physiker spricht hier übrigens von „Reibungs- oder Berührungselektrizität".

d) Wieso werden die Papierschnipsel angezogen? Erkläre anhand einer Skizze den physikalischen Hintergrund.

4. „Der knisternde Pullover": Um dieses Knistern erklären zu können, reibe einmal ein Kunststoff- und ein Wolltuch (Nylonhemd und Wollpullover) gegeneinander und mache anschließend den „Papierschnipseltest".

a) Welcher Gegenstand wird positiv, welcher negativ aufgeladen (vgl. oben, Nr. 2)?

b) Nehmen wir an, man trägt tagsüber einen Kunststoff-Pullover über einem Baumwollhemd. Erkläre, wieso sich die beiden Kleidungsstücke gegenseitig aufladen können und wie es später beim Ausziehen des Pullovers zum Knistern kommt.

5. *„Wenn einem die Haare zu Berge stehen":* Dies läßt sich leicht im Experiment vorführen. Reibe eine Kunststoffolie mit einem Wolltuch und halte anschließend die Folie über die Haare eines Mitschülers. Besonders eindrucksvoll gelingt der Versuch bei langen, gewaschenen, aber trockenen Haaren! Begründe ausführlich das beobachtete Phänomen (vgl. oben, Nr. 3 d).

6. *„Der magische Kamm":* Daß ein gewöhnlicher Kunststoffkamm ganz außergewöhnliche physikalische Eigenschaften aufweist, mag das folgende Experiment veranschaulichen:

a) Kämme zunächst die eigenen Haare (am besten sind auch hier wieder nicht zu kurze, trockene Haare) und führe anschließend am Kamm „Papierschnipsel- und Glimmlampentest" durch. Welche Folgerungen lassen sich ziehen?

b) Kämme erneut die Haare und halte den Kamm bei absoluter Ruhe an das Ohrläppchen. Beobachtung und Erklärung?

c) Nach diesen Vorversuchen nun zur eigentlichen „schwarzen Magie": Kämme ausgiebig ein letztes Mal die Haare und halte den Kamm dann in die unmittelbare Nähe eines schwachen, senkrecht fließenden Wasserstrahles (Durchmesser 1–2 mm) . . . Ein Zaubertrick? Mitnichten. Versuche mit Hilfe der Physik und Chemie den Vorgang zu erklären.

Zusatzfragen

1. *„Der Schlag an der Türklinke":* Anscheinend ist auch der Mensch manchmal – im wahrsten Sinne des Wortes – geladen. Erläutere detailliert, wieso sich ein Mensch beim Gehen unter gewissen Umständen (welchen?) auflädt?

2. Warum sollten die obigen Versuche nur bei trockener Luft und mit trockenen Gegenständen durchgeführt werden?

3. Begründe anhand des Atomaufbaus, wieso beim Reiben nur negative Ladungen und keine positiven Ladungen ausgetauscht werden?

4. Ein „geriebener" Gegenstand besitzt typischerweise eine Ladung von ungefähr 10^{-6} C. Wie groß ist dann die Ladung des Tuches, mit welchem gerieben wurde, und welches Vorzeichen weist sie auf?

6.2 „Die Sicherung brennt durch"

Daß „einem die Sicherung durchbrennt", ist nichts Ungewöhnliches. Was aber im Elektrizitätsbereich dahintersteckt, ist den wenigsten bekannt. Finden lassen sich Sicherungen überall: Im Haushalt, in vielen elektrischen Geräten, im Auto, im Elektrizitätswerk, etc. Wozu dienen aber überhaupt all diese Sicherungen, und wie funktionieren sie?

Versuchsziel: Untersuche und erkläre Aufbau und Funktionweise von (Schmelz-) Sicherungen.

Vorbereitung: Definition des Widerstandes, spezifischer Widerstand, Serie- und Parallelschaltung, Bedienung eines Strom-Meßgerätes.
Material: 3 verschiedene Schmelzsicherungen: z. B. 1 Schmelzeinsatz 0,1 A flink, 1 Schmelzeinsatz 2 A flink, Haushaltssicherung 6 A; 1 Netzgerät (z. B. 30 V, 4 A), 2 Krokodilklemmen, 1 Strommesser (5 A), 1 Schraubstock, 1 Tuch, 3 Kabel.

Durchführung

1. a) Notiere die Betriebsdaten der einzelnen Sicherungen.
   b) Beschreibe den Aufbau der „gläsernen" Schmelzeinsätze und notiere etwaige Unterschiede zwischen ihnen.

2. Ein kritischer „Warentest": Halten die vom Hersteller angegebenen Betriebsdaten einer experimentellen Überprüfung stand? Im folgenden Versuch soll die Stromstärke bestimmt werden, bei welcher die schwächste unserer Schmelzsicherungen (0,1 A) durchbrennt.
   a) Baue dazu die Sicherung in einen geeigneten Meß-Schaltkreis. Das Netzgerät bleibt dabei zunächst noch ausgeschaltet. Achte zudem darauf, daß Betriebsart (Wechsel- oder Gleichstrom) und Meßbereich (je nach Schmelzeinsatz) richtig gewählt sind.
   b) Erhöhe am Netzgerät langsam die Spannung. Beobachte dabei Sicherung und Strommesser und notiere die Stromstärke, bei welcher die Sicherung durchbrennt.

3. Wiederhole das Experiment mit dem zweiten Schmelzeinsatz.

4. Wickle eine Haushaltssicherung in ein Tuch (Schutz vor Scherben!) und zerdrücke sie in einem Schraubstock. Achte darauf, daß das Innere nicht allzu sehr zerstört wird. Beschreibe auch hier den inneren und äußeren Aufbau der Sicherung.

Auswertung

1. a) Welchem Zweck dient der Einbau einer Sicherung in einen Stromkreis?
   b) Sind Sicherungen in einem Stromkreis in Serie oder parallel zu den Verbrauchern, wie Lampen, Herd oder Kühlschrank, geschaltet?
2. Bei welcher Stromstärke brannten die Schmelzeinsätze aus Teilexperiment 2 und 3 durch? Vergleiche mit den angegebenen Betriebsdaten.
3. a) Warum weisen verschiedene Sicherungstypen unterschiedlich dicke Schmelzdrähte auf?
   b) Wieviel mal größer oder kleiner ist der Durchmesser des Schmelzdrahtes einer 2 A-Sicherung gegenüber einer 0,1 A-Sicherung?
4. a) Warum befindet sich der Schmelzdraht grundsätzlich in einem Glas- bzw. Keramikgehäuse?
   b) Wie erkennt man, ob eine Haushaltssicherung durchgebrannt ist?

Zusatzfragen

1. Die Sicherungen in einer Wohnung:
   a) Lies zu Hause am Sicherungskasten die maximal möglichen Stromstärken ab.
   b) Wie ist es überhaupt möglich, daß diese Maximalwerte überschritten werden?
2. Suche den Sicherungskasten in einem Auto auf – vergleiche hierzu die Betriebsanleitung des Autos – und notiere, welche „Verbraucher" an die einzelnen Sicherungen angehängt sind und die maximal zulässigen Stromstärken.

6.3 Glühlampen – einmal von innen betrachtet

Als im Jahre 1854 Heinrich Goebel, ein deutsch-amerikanischer Mechaniker, die erste Glühlampe erfand und entwickelte, ahnte er wohl kaum, daß diese in unserem Jahrhundert zur meistgebrauchten elektrischen Lichtquelle werden würde. Allerdings erst Thomas Edison (1847–1931) verhalf der Glühlampe zu ihrem großartigen Siegeszug, indem er 1881 den ersten, von einer Dampfmaschine angetriebenen Stromgenerator erfand und nur ein Jahr später in New York die erste größere Beleuchtungsanlage entwickelte und aufbaute. Etwas mehr als 100 Jahre danach kennen wir eine Vielzahl verschiedener „Glühlampen":

Farbige Lampen, Spotlampen, Halogenlampen. Das Funktionsprinzip ist aber bei allen Lampen gleich; es soll mit dem folgenden Experiment näher untersucht werden, auf daß manchem „ein Licht aufgehe".

Versuchsziel: Analysiere Aufbau und Funktionsweise einer elektrischen Glühlampe.

Vorbereitung: Spannung, Stromstärke, Definition des Widerstandes, spezifischer Widerstand, Einbau und Bedienung von Strom- und Spannungsmessern, evtl. elektrische Leistung.

Material: 2 verschiedene Haushaltsglühlampen (z. B. 15 W/220 V und 60 W/220 V), 1 defekte Glühlampe, 1 Lampenfassung, 1 Netzgerät (0 . . . 220 V), 2 Universalmeßgeräte als Strom- und Spannungsmesser, 1 Schraubstock, 1 Tuch, 5 Kabel.

Durchführung

1. Notiere die Betriebsdaten der drei Glühlampen. Gibt es rein äußerlich Unterschiede zwischen der defekten Glühlampe und den zwei anderen?

2. Doch jetzt zur leuchtenden Lampe: Bei welcher Spannung fängt sie an zu glühen? Im folgenden Teilversuch soll einerseits dieser Wert und andererseits der Widerstand der Glühlampe bestimmt werden. Baue dazu eine geeignete Meß-Schaltung auf.

   Achtung: Um lebensgefährliche Stromschläge und unnötige Gerätedefekte zu vermeiden, bleibt das Netzgerät beim Aufbauen und Hantieren grundsätzlich noch ausgeschaltet! Achte weiterhin darauf, daß Strom- und Spannungsmesser nicht nur korrekt in den Stromkreis eingebaut sind, sondern daß auch Betriebsart und Meßbereich jeweils richtig gewählt sind.

   Erhöhe langsam die Spannung und miß in Schritten von 10 V jeweils Spannung und Stromstärke. Notiere diese Werte für die spätere Widerstandsberechnung. Bei welcher Spannung beginnt die Glühlampe zu leuchten?

3. Das Lampeninnere: Wickle die 15 W-Lampe in ein Tuch ein (Schutz vor Glasscherben!) und zerdrücke den Glaskolben im Schraubstock. Sorgfalt, daß das Lampeninnere nicht zerstört wird! Zerbrich ebenso die Glaskolben der beiden anderen Lampen. Was läßt sich auf der Glasinnenseite der defekten Lampe feststellen? Welche Unterschiede zeigen die Glühwendeln der drei Lampen?

4. Funktioniert die Lampe ohne Glaskolben immer noch? Schließe die 15 W-Lampe ein weiteres Mal – wie in Punkt 2 – an das Netzgerät an und bestimme wieder die Spannung, bei welcher die Glühwendel zu glimmen anfängt. (Auf eine Widerstandsmessung kann dieses Mal allerdings verzichtet werden.)

Auswertung

1. Skizziere und beschreibe den prinzipiellen Aufbau einer Glühlampe.

2. Die Glühwendel:
   a) Wieso weist die eine Glühbirne – welche? – eine dickere Glühwendel als die andere auf?
   b) Wieviel mal größer oder kleiner ist der Durchmesser des Drahtes einer 60 W-Lampe gegenüber einer 15 W-Lampe?

3. Die Aufgaben des Glaskolbens:
   a) Erkläre die in den Teilversuchen 2 und 4 unterschiedlichen Spannungen, bei welchen die Glühwendeln jeweils zu leuchten anfingen. Überlege dazu, welche physikalischen bzw. chemischen Prozesse im einzelnen auftreten.
   b) Warum sind also die Glaskolben entweder mit neutralen Gasen (Edelgase, Stickstoff) gefüllt oder aber evakuiert?

4. Der elektrische Widerstand:
   a) Zeichne in einem Diagramm die I-U-Kennlinie der Glühlampe.
   b) Berechne den elektrischen Widerstand sowohl für eine tiefe als auch für eine hohe Spannung.
   c) Wie und warum ändert sich der Widerstand mit zunehmender Temperatur?

Zusatzfragen

1. Wievielmal größer oder kleiner ist der Widerstand einer 60 W-Lampe gegenüber einer 15 W-Lampe?

2. Neben der Glühlampe wird auch in anderen Haushaltsgeräten durch elektrischen Strom Strahlung – Licht- oder Wärmestrahlung – erzeugt. Zähle einige Beispiele auf und beschreibe jeweils kurz das Funktionsprinzip.

3. Erkläre anhand der Eigenschaften von Wolfram, warum sich gerade dieses Metall besonders gut für Glühwendeln eignet.

6.4 Die Leistung einer HiFi-Anlage

„Voll aufdrehen, 40-Watt-Ausgangsleistung, 8Ω-Lautsprecher, Musik, bis die Wände wackeln, 200-Watt-Aufnahmeleistung . . .“ Das „Fachchinesisch“ bzw. Kauderwelsch der HiFi-Spezialisten und Fans ist für einen Laien manchmal nur schwer verständlich. Die meisten Musikhörer kennen wohl kaum die Betriebsdaten und Eigenschaften ihrer Stereoanlage. Im folgenden Experiment sollen diese Daten und damit die Anlage als solches genauer untersucht und analysiert werden.

Versuchsziel: Bestimme einige Betriebsdaten einer Stereoanlage (Ausgangsleistung, Widerstand). Untersuche den Zusammenhang zwischen Schall- und Lautstärke.

Vorbereitung: Widerstand, Arbeit und Leistung des Gleichstroms, Schaltung und Bedienung von Vielfach-Meßinstrumenten, Wirkungsgrad, evtl. Wechselstromwiderstand.

Material: Stereoanlage mit Betriebsanleitung, 2 Vielfachmeß-Instrumente (Strom- und Spannungsmesser), 4–5 Meßkabel, evtl. 2 Krokodilklemmen.

Durchführung

1. Notiere zunächst die meist am Gerät angeschriebene Eingangsleistung des Verstärkers.

2. Die Ausgangsleistung der Anlage sowie der Innenwiderstand eines Lautsprechers lassen sich am einfachsten über Strom- und Spannungsmessung bestimmen. So sollen im folgenden bei unterschiedlichen Lautstärken die jeweiligen Strom- und Spannungswerte gemessen werden. Diese Meßwerte werden jeweils am Ausgang des Verstärkers bestimmt, d. h. dort, wo der Lautsprecher angeschlossen ist.

   Achtung: Damit die Meßinstrumente nicht beschädigt werden, müssen sie bei der Strom- bzw. Spannungsmessung jeweils richtig geschaltet sein, der Strommesser in Serie und der Spannungsmesser parallel! Als Betriebsart ist in beiden Fällen „Wechselstrom" zu wählen.

   Führe die Messungen bei vier verschiedenen Lautstärken durch (sehr leise, mittel, laut, extrem laut) und trage die Meßwerte in eine vorbereitete Tabelle ein. Um die relativ starken Schwankungen der Strom- und Spannungswerte möglichst klein zu halten, empfiehlt es sich, gleichmäßig laute Musik zu hören, d. h. ohne extreme Pianos und Fortes. (Stark rhythmisch betonte Musik, Rockmusik oder Schlagzeugsolos sind hier einmal nicht gefragt.) Als Meßwert ist jeweils ein ungefährer Mittelwert zu notieren.

Auswertung

1. Ausgangsleistung: Berechne die verschiedenen Ausgangsleistungen (in Watt) bei den einzelnen Lautstärken und vervollständige entsprechend obige Tabelle.

2. Wirkungsgrad:
   a) Vergleiche bei sehr großer Lautstärke die Eingangs- und Ausgangsleistung miteinander.
   b) Wie groß ist also der Wirkungsgrad der Anlage, d. h. das Verhältnis von Ausgangs- zu Eingangsleistung?
   c) Was geschieht mit dem Rest der aus der Steckdose abgezapften elektrischen Energie?

3. Innenwiderstand eines Lautsprechers:
   a) Berechne aus den Messungen für die mittlere Lautstärke den Innenwiderstand eines Lautsprechers.
   b) Vergleiche diesen Wert mit den Daten aus der Betriebsanleitung. Woher resultieren eventuelle Unterschiede?
   c) Welche Bedeutung hat der Innenwiderstand für die maximale Lautstärke einer Anlage?

4. Schall- und Lautstärke: Die Ausgangsleistung bestimmt direkt die sogenannte objektive Schallstärke, d. h. die Schallstärke, welche mit physikalischen Schall-Meßinstrumenten objektiv genau gemessen werden kann. Unser Ohr reagiert nun aber auf den Schall etwas anders: Bei doppelter *Schallstärke,* also bei objektiv doppeltem Wert, hören wir rein subjektiv die Musik nicht doppelt so laut. Die sogenannte *Lautstärke* nimmt nicht um das Doppelte zu. Trage im folgenden in einem qualitativen Diagramm die subjektiv empfundene Lautstärke über der objektiv meßbaren Schallstärke (Ausgangsleistung) auf. Dieser Zusammenhang ist als psychophysisches Grundgesetz unter dem Namen Fechnersches bzw. Weber-Fechnersches Gesetz bekannt.

Zusatzfragen

1. Nehmen wir an, die Eingangs- bzw. Aufnahmeleistung einer HiFi-Anlage betrage 200 Watt. Wie teuer kommt dann ein zweistündiges Musikhören zu stehen, wenn die Kilowattstunde 20 Pfennig kostet?

2. Als ein Rockfan seine Musik etwas lauter stellte, stürzte ein erboster Nachbar in sein Zimmer und beklagte sich, die Wände hätten angefangen zu wackeln. Unser Musikfan erklärte daraufhin, er habe seine Anlage aber wirklich nur etwas lauter gestellt. Wer von beiden argumentiert nun richtig bzw. falsch?

3. „Laute Musik ist schädlich!" In dieses ewig gleiche Lied soll hier nicht eingestimmt werden, aber eine Frage sei gestattet: Warum könnten eventuelle Gehörschäden bei einer nur minimal geringeren Lautstärke ganz wesentlich reduziert werden?

4. a) Welche Meßunsicherheiten weist das obige Experiment auf, und wie könnten diese eliminiert werden?
   b) Warum gibt der Hersteller die Ausgangsleistung einer Anlage z. B. mit „2 × 30 Watt Sinus" an?

6.5 Dem Elektroinstallateur über die Schulter geschaut

Elektrische Leitungen, Sicherungen, Steckdosen, Schalter, Stark- und Schwachstrom usw. sind für viele ein „Buch mit sieben Siegeln". Dabei sind die Stromversorgung in einem Haus, die Verlegung der Leitungen und die Schaltung der einzelnen Lampen, Steckdosen und weiterer Geräte gar nicht so schwer zu verstehen. Der Nichtfachmann sei allerdings ausdrücklich davor gewarnt, an den elektrischen Leitungen zu manipulieren: Eine Spannung von 220 Volt kann bei einem Stromschlag zu tödlichem Ausgang führen!

Versuchsziel: Analysiere anhand eines Elektro-Installationsplanes die Stromversorgung eines Zimmers oder Hauses.

Vorbereitung: Stromverzweigungen: Serie- und Parallelschaltung, Arbeit und Leistung des (Gleich-)Stroms.
Material: Elektro-Installationsplan (eines Stockwerks bzw. eines ganzen Hauses), mehrere elektrische Geräte mit hoher Anschlußleistung (z. B. Fön, Tauchsieder, Kochplatte).

Durchführung und Auswertung

Achtung: Der vorliegende *Installationsplan* unterscheidet sich in einem Punkt grundsätzlich von einem sogenannten *Schaltplan,* wie er vom Schulunterricht her bekannt ist. Während ein Schaltplan alle *einzelnen* Leitungen aufführt, zeigt der Installationsplan des Elektrikers nur die Lage der *Kabel,* welche in Wirklichkeit dann aber zwei-, drei- oder mehr-adrig sind. Damit gehen zwar gewisse Detailinformationen verloren, aber es erleichtert die für die Installation und spätere Reparaturen notwendige Übersicht.

1. a) Versehe den Installationsplan mit Farben: Dabei sollen alle Schalter, Steckdosen, Lampen, Abzweigdosen usw. (vgl. Abb. 30), welche an der gleichen Gruppenzuleitung, d. h. an einer gemeinsamen Sicherung hängen, die gleiche Farbe erhalten. Mit dieser Kolorierung läßt sich dann auch leicht zwischen Starkstrom einerseits (220 V/380 V) und Schwachstrom für z. B. Telefon, Lautsprecher oder Schulgong andererseits unterscheiden.

   b) Beschreibe und begründe, warum manchmal die Stromversorgung mehrerer Zimmer an einer Sicherung hängt, andererseits aber wieder nur ein einzelnes Gerät oder eine Steckdose eine „Gruppe" für sich alleine bilden.

2. Verfolge – soweit wie möglich – im Haus direkt die Verlegung der Leitungen und vergleiche mit dem Installationsplan: Wo befinden sich Abzweig- und Steckdosen, welche Leitungen sind im Boden bzw. in der Decke verlegt?

3. a) Suche im Sicherungskasten die Sicherung für eine der oben untersuchten „Gruppen". Bei welcher Stromstärke spricht die Sicherung an?

   b) Wie groß darf somit die Gesamtleistung der angeschlossenen Lampen und Geräte maximal sein?

Abb. 30: Symbole eines Installationsplanes

c) Überprüfe diesen Zahlenwert im Experiment: Schließe ein elektrisches Gerät nach dem anderen an die „Gruppe" an. Am besten eignen sich hierzu „Energiefresser", wie Fön, Tauchsieder oder Kochplatte. Untersuche, in welchem Moment die Sicherung durchbrennt: Wie groß ist dann die Gesamtleistung aller angeschlossenen Verbraucher? (Die Einzelleistungen lassen sich am jeweiligen Gerät ablesen.)

4. a) Untersuche im Haus, durch welche Schalter die einzelnen Lampen ein- und ausgeschaltet werden können. Notiere die Zusammenhänge zwischen Lampen und Schaltern.

b) Fertige einen genauen *Schaltplan* für eine Lampe an, welche von nur einem Ort aus geschaltet werden kann. Zeichne alle einzelnen Leitungen, einschließlich Lampe, Schalter und evtl. Abzweigdose.

c) Schwieriger sieht es aus, wenn eine Lampe von zwei verschiedenen Stellen unabhängig voneinander bedient werden soll. Hierbei kommen sogenannte Wechselschalter zum Einsatz: Abb. 31 zeigt einen Schaltplan mit zwei Lampen und einem derartigen Wechselschalter (hier als Drehschalter gezeichnet). In dem skizzierten Anwendungsbeispiel können wechselweise die Lampe 1 oder die Lampe 2 eingeschaltet werden.
Zeichne nun ein „Schaltschema zum unabhängigen Ein- und Ausschalten einer Lampe von zwei verschiedenen Orten". Beachte: Dieses Schaltproblem läßt sich nur unter Verwendung zweier Wechselschalter lösen.

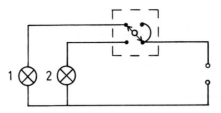

Abb. 31: Schaltplan zum wechselseitigen Einschalten zweier Lampen

Zusatzfragen

1. Architekten, Bauzeichner, Elektro-Ingenieure oder -Installateure haben fast tagtäglich mit derartigen Installationsplänen zu tun. Welchen Aufgaben müssen sie sich da stellen? Zum Beispiel der folgenden:

   Zeichne den Bau- und Installationsplan (Maßstab 1:50) für ein zukünftiges Zimmer: Ausmaße 5 × 5 m; Wanddicke 20 cm; zwei Türen (Breite 1 m), welche einander gegenüber liegen und sich jeweils genau in der Wandmitte befinden; ein drei Meter breites Fenster in der Mitte der dritten Wand.

   Die Stromversorgung zeige folgendes Bild: Eine Abzweigdose befinde sich in der Decke oberhalb der einen Türe. Eine darunter installierte Wandleuchte werde von einem direkt neben ihr montierten Schalter bedient. Eine zweiflammige Fluoreszenzleuchte in der Zimmermitte soll von beiden Türen aus ein- und ausgeschaltet werden können. Unter dem Fenster befinde sich eine Dreifach-Steckdose, neben den Türen jeweils eine Einfach-Steckdose.

2. a) Wie funktioniert eine Sicherung, und welche Aufgabe kommt ihr zu?
   b) Erkläre Entstehung und Konsequenzen eines Kurzschlusses!
   c) Wie viele Tauchsieder mit einer Einzelleistung von 800 W können maximal hinter einer 10 A-Sicherung angeschlossen werden (Spannung 220 V)?

3. Sind Lampen, Steckdosen und weitere elektrische Geräte in einem Haus parallel oder in Serie geschaltet? Begründe die Antwort!

7 Aufgabenlösungen und Unterrichtshinweise

Der Lehrer findet hier für seinen Unterricht Tips und Hinweise, die ihm sowohl seine Vorbereitungen erleichtern als auch die Resultate überprüfen helfen: Für jedes Experiment werden die kritischen Punkte in der Versuchsdurchführung sowie die zu erwartenden Meßresultate beschrieben. Ebenso finden sich hier die Lösungen der komplizierteren Auswertungen und Zusatzfragen. Abschließende *Ergänzungen* wollen stichwortartig Ideen geben, welche weiterführende Themen und Versuche sich jeweils anbieten.

2.1 Als Landvermesser und Kartograph unterwegs

Durchführung

2. Die Basislänge sollte genügend groß gewählt sein, d. h. in der Größenordnung der auszumessenden Längen.

3. Dreiecke mit einem Winkel von weniger als 10° sind zu vermeiden, da bei derart spitzwinkligen Dreiecken große Meßfehler herauskommen.

Auswertung: 3. s. oben, Durchführung.

Zusatzfragen

1. Indirekte Messung, d. h. die Meßpunkte müssen nicht direkt zugänglich sein. Damit ist vor allem auch die Bestimmung großer Entfernungen leicht möglich. Meßbereich: 10 m bis 10 Lichtjahre (s. 2).

2. Der Erdbahndurchmesser gilt als Basislänge; im Halbjahresabstand, z. B. am 21. 6. und 21. 12., wird jeweils der Winkel Sonne–Erde–Stern gemessen.

3. Triangulation, Vorteile: s. Zusatzfrage 1. Nachteile: Ungenauigkeiten bei spitzen Winkeln.
Radarverfahren, Vorteile: Indirekte Methode, sehr genau mit $\pm 10^{-7}\%$; Nachteile: Echosignal muß für den Empfänger noch genügend stark, d. h. detektierbar sein.

Ergänzungen

1. Die Vorführung eines Theodoliten, der von einem Baugeschäft, Vermessungsbüro oder Katasteramt leicht ausgeliehen werden kann, bringt einen zusätzlichen Alltagsbezug. Die nicht ganz einfache Bedienung dieser Geräte will allerdings erst gelernt sein.

2. Ein weiterer interessanter Einsatz von Theodoliten ergibt sich bei der Überwachung von Staumauern und großen Brücken, die hierzu an verschiedenen Stellen genaue Meßpunkte aufweisen: Durch präzise Messungen können kleinste Verschiebungen in der Größenordnung von Millimetern festgestellt werden.

3. Der obige Versuch, welcher in einige Grundprobleme physikalischer Meßverfahren einführt, eignet sich auch als Einstieg in das Kapitel Fehlerabschätzung und Fehlerrechnung.

2.2 Ein Start mit Vollgas

Durchführung

Das Anfahren eines Fahrrades ist nicht nur vom Experiment her am einfachsten, sondern es liefert zwischen 0 und 20 m auch am ehesten eine wirklich gleichmäßig beschleunigte Bewegung.

Auswertung

2./3. Bei Fahrrad, Mofa und Auto kann während der ersten 2–4 s eine gleichmäßig beschleunigte Bewegung festgestellt werden, die dann aber in eine gleichförmige übergeht.

4.a) Fahrrad 2–4 m/s^2, Mofa 1–2 m/s^2, Auto 2–4 m/s^2, Zug 0,5–1 m/s^2;
   b) $t = v/a$.

Zusatzfragen

1./2. siehe Auwertung;

3. $s = 1/2 \, a \cdot t^2 = 1/2 \cdot v^2/a;$

4.   beim Gasgeben erhöhen sich die Drehzahl und damit die Leistung P und Beschleunigung a, d. h. a ist nicht konstant.

Ergänzungen

1. Aufbauend auf diesen Versuch lassen sich sehr gut die Bewegungsgesetze der geradlinig, gleichmäßig beschleunigten Bewegung herleiten.

2. Als weiterführendes Schülerexperiment bietet sich die quantitative Analyse des freien Falls an: Analog zu obigem Versuch kann der freie Fall von Steinen oder Metallkugeln aus einem mehrstöckigen Gebäude untersucht werden. Beachten: Um genaue Werte zu erhalten, läßt man die Gegenstände aus verschiedenen Höhen fallen, wobei die Fallzeit von der jeweiligen Abwurfstelle aus gestoppt wird.

3. JEARL WALKER (Mai 1983) beschreibt umfangreiche, aber nachahmenswerte kinematische Messungen im Artikel „Mit Stoppuhr und Stadtplan auf der grünen Welle".

2.3 Die Angst des Tormanns beim Elfmeter

Durchführung

Diese bereitet keine Probleme; einzig der Ball sollte hart genug aufgepumpt sein, um so kurze Bremswege und damit erstaunlich hohe Kräfte messen und berechnen zu können.

Typische Meßwerte: t = 0,35 bis 0,45 s bei einer Strecke von 11 m; m = 450 g; Balldurchmesser D = 22 cm; Durchmesser des Abdrucks d = 12 bis 18 cm.

Auswertung

1. $v = s/t$: 60 bis 120 km/h;

2. a) Bremsweg $s = D/2 - \sqrt{(D/2)^2 - (d/2)^2}$: 2 bis 5 cm;
   b) $a = v^2/2\,s$: 10'000 bis 25'000 m/s^2;

2. c)/3. $F = m \cdot a$: 4'500 bis 11'000 N.

Zusatzfragen

1. Reaktionszeit 0,1 bis 0,15 s; Flugzeit des Balls 0,3 bis 0,4 s;

2. s. Auswertung 3;

3. etwas größere Kräfte beim Eishockey-Puck: m = 170 g; v : 100 bis 150 km/h; s : 0,5 cm. Dazu wirkt die Kraft auf eine wesentlich kleinere Fläche.

2.4 Die Belastung des Körpers bei Sprüngen

Durchführung

Für Vorbereitung und Organisation empfiehlt sich eine Absprache mit dem Turnlehrer. Die Schüler sollten für dieses Experiment Turnschuhe mitbringen.

Typische Meßwerte: Sprungmatte s_F : 2 bis 5 cm, s_K ca. 50 cm;

keine Matte s_F : 0,5 bis 1 cm, s_K ca. 50 cm;

Hochsprungmatte s_F : 10 bis 30 cm, s_K : 50 bis 100 cm.

Auswertung

1. $v = \sqrt{2 \cdot h \cdot g}$;

2. $a = v^2/2s$: 10 bis ca. 4000 m/s^2;

3. F = Bremskraft + Gewicht = $m \cdot a + m \cdot g$, im Extremfall bis zu 400 $\cdot m \cdot g$!

4. Fallhöhe, Bremsweg und Masse.

Zusatzfragen

1. Infolge des kurzen Bremsweges größte Belastung; ganz kurzfristige Belastung bis zu einigen Dutzend Tonnen;

2. Vergrößerung des Bremsweges durch „Abfedern" in Fußgelenken und Knien, weitere Reduzierung der Bremskraft durch Verkrümmen der S-förmigen Wirbelsäule sowie durch die Bandscheiben zwischen den Wirbeln;

3. $a/g = h/s$;

4. Geringe Belastung der Fußgelenke durch Abrollen, d. h. „Abfangen" des Aufpralls mit dem ganzen Körper; langer Bremsweg für den Kopf.

2.5 Start frei zum Ski-Abfahrtsrennen

Durchführung

Teil 1: Bei einer Hangneigung von weniger als 10° ergeben sich in Schülerexperimenten häufig allzu große Meßfehler.

Teil 2: Der Winkel läßt sich z. B. mittels einer ungefähr 2 m langen, horizontal gespannten Schnur bestimmen, welche an einem senkrecht eingesteckten Skistock befestigt ist. Aus den jeweiligen Längen wird der Winkel berechnet.

Auswertung

2. $a = 2 s/t^2$, $v = a \cdot t$;

3. $f = F_r/m \cdot g$: 0,03 bis 0,05;

5. $F_1 = m \cdot g \cdot \sin\alpha$, $F_2 = m \cdot g \cdot \cos\alpha$;

6. $F_r = f \cdot F_2$, $F = F_1 - F_r$, $a = F/m$;

7. $t = \sqrt{2 s/a}$, $v = a \cdot t$;

8. typische Resultate 5–15 %.

Ergänzungen

1. Dieses Experiment kann nicht nur auf Skiern durchgeführt werden, sondern natürlich völlig analog auch an einer abschüssigen Straße mit Rollschuhen, Rollbrett oder Fahrrad.

2. Von seinem ganzen Aufbau her eignet sich der Versuch vorzüglich als Wiederholung der mechanischen Grundgesetze. Gleichzeitig erhält das häufig doch recht abstrakte und trockene Problem der „schiefen Ebene" einen Realitätsbezug.

3. Zur Fortsetzung seien als Themen empfohlen:
   a) Start mit Abstoß bzw. Anfangsgeschwindigkeit,
   b) Mechanik des Skifahrens (BRANDENBURGER, 1964),
   c) Untersuchung einer Sprungschanze (das Längenprofil einer Schanze mit seinen vielen Daten bietet sich für zahlreiche „sportliche" Rechnungen an),
   d) Auswertung des obigen Experimentes mit dem Energiesatz.

2.6 Mit dem Fahrrad unterwegs in der Mechanik

Durchführung

1. Reibungskräfte können die Resultate z. T. erheblich verfälschen. Bei der Messung der Kräfte ist daher unbedingt darauf zu achten, daß Kette und Hinterrad gut geölt sind und entsprechend leicht laufen. Am Pedal muß zudem mit möglichst großer Kraft, mindestens 50 N, gezogen werden, so daß sich der Einfluß der Reibungskräfte – relativ betrachtet – verkleinert.

2. Um gerade die Alltagssituation besonders zu verdeutlichen, sollte das Fahrrad normal stehen und nicht auf den Kopf gestellt sein, was ja experimentell einfacher zu verwirklichen wäre.

Typische Meßwerte:

	Kraftarm (m)	Kraft (N)	Weg (m)	Arbeit (J)	Drehmoment (Nm)
Pedal	0,17	50	0,1	5	85
Vorderes Zahnrad	0,1	85	0,06	5	85
Hinteres Zahnrad	0,047	85	0,06	5	4
Hinterreifen	0,3	13,5	0,37	5	4

Auswertung

1. Pedal/vorderes Kettenrad, hinteres Kettenrad/Reifen;

2. Vergrößerung des Weges, Verkleinerung der Kraft;

3. nein, vgl. „goldene Regel der Mechanik";

4. Kette zwischen vorderem und hinterem Zahnrad als Drehmomentwandler.

Zusatzfragen

1. Größter Gang: vorne größtes Zahnrad, hinten kleinstes; damit großer zurückgelegter Weg des Hinterreifens bei allerdings kleiner Kraft; kleinster Gang: alles umgekehrt.

2. Bergetappe mit vielen Steigungen: vorne ein Zahnkranz mit möglichst kleinen Zahnrädern, hinten einer mit großen Zahnrädern; Flachlandetappe: vorne großer Zahnkranz, hinten kleiner, d. h. größte Übersetzungen.

Ergänzungen

Weiterführende Themen, wie Dreigang-Schaltung, Autogetriebe, Flaschenzug, helfen die gewonnenen Erkenntnisse zu vertiefen. Zu diesem Punkt sei auch auf zwei ausführliche Artikel verwiesen: „Bicycle Technology" (WILSON, 1973) und „Die Aerodynamik von Muskelkraft-Fahrzeugen" (GROSS et al. 1984).

2.7 Mensch – Maschine: Ein Leistungsvergleich

Durchführung

Typische Meßresultate: Treppensteigen 500–800 W, Gewichtheben 200–400 W, Klettern bis zu 1000 W (1 PS = 735,5 W).

Auswertung

2.a) Die Beine vermögen mehr zu leisten; entsprechend ihrer von der Natur her vorgesehenen Aufgabe weisen sie die weitaus stärkeren Muskeln auf;
 b) wesentlich größere Leistung während fast unbeschränkter Zeit.

3. Die berechneten Werte liegen zu tief, da u. a. die Einzelbewegungen von Armen und Beinen nicht berücksichtigt wurden.

Zusatzfragen

1. Die Leistung ist unabhängig von der Zeit, bleibt also konstant. Hingegen nimmt die vollbrachte Arbeit direkt proportional zur Zeit zu.

2. $P = W/t = 104$ W $= 0,141$ PS.

3. $W = 1/2 \, m \cdot v^2 = 36\,863$ kJ $= 10,2$ kWh; 2,04 DM.

Ergänzungen

1. Die obigen Versuche eignen sich als Teile verschiedener interdisziplinärer Projekte wie z. B. „Mensch und Verkehr" oder „Mensch und Energie". Auf der physikalischen Seite derartiger fächerübergreifender Untersuchungen seien die folgenden Experimente dieses Buches erwähnt: Mechanik 2.2, 2.6, Wärmelehre 3.1, 3.3, 3.4 und Elektrizitätslehre 6.4.

2. Genauere Leistungsmessungen werden mit entsprechend höherem materiellen und mathematischen Aufwand möglich. Die Berücksichtigung von Roll- oder Gleitreibung, Luftwiderstand, periodischem Beschleunigen und Abbremsen von Armen und Beinen führt zu interessanten Fragestellungen und Experimenten, die allerdings schnell den schulischen Rahmen sprengen.

3. Bei obigen Versuchen wurde von einem Wirkungsgrad von 100% ausgegangen; tatsächlich liegt der Wirkungsgrad des Menschen je nach Tätigkeit bei 10–30%. Genauere Zahlenangaben finden sich bei LABUDDE (1986).

2.8 Sportliche Impulse durchs Trampolinspringen

Durchführung

Für dieses interdisziplinäre Experiment aus der „Sportphysik" empfiehlt es sich – allein schon aus Gründen der Verantwortung und Sorgfaltspflicht –, mit dem Turnlehrer zusammenzuarbeiten. So ließen sich neben der Physik dann auch Probleme der Bio- und Unfallmedizin behandeln.

Eine Einteilung in zwei Arbeitsgruppen ermöglicht es, die beiden erwähnten Verfahren parallel nebeneinander auszuführen: Die Methode 1 würde allein auf zwei Zeitmessungen basieren, die Methode 2 hingegen auf zwei Längenmessungen.

Das zweite Verfahren ist genauer als das erste, da sich die Strecken exakter bestimmen lassen als die gewünschten Zeiten. Typische Meßwerte im Verfahren 1: Flugzeit Δt_f = 1,1 s, Kontaktzeit mit Trampolin Δt = 0,35 s. Verfahren 2: Fallhöhe h = 1,5 m, Bremsweg s = 0,5 m.

Auswertung

Die Auswertung basiert auf der Annahme, daß eine gleichmäßig verzögerte bzw. beschleunigte Bewegung vorliegt, was aber nur bedingt zutrifft.

1. Aufprallgeschwindigkeit $v = g \cdot \Delta t_F/2$ = 5,5 m/s; $\Delta v = 2 \cdot v$ = 11 m/s; $F = \Delta p/\Delta t$ = 11 m/s · 80 kg/0,35 s = 2500 N;

2. $a = g \cdot h/s$ = 30 m/s^2; $F = m \cdot a$ = 2400 N;

4. Vgl. Abbildung 32.

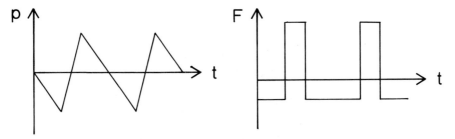

Abb. 32: Impuls-Zeit- und zugehöriges Kraft-Zeit-Diagramm mit t = 0 am Scheitelpunkt der Flugbahn

Zusatzfragen

1. $F = \Delta p / \Delta t_F$ = 11 m/s · 80 kg/1,1 s = 800 N = $m \cdot g$;
2. potentielle, kinetische und Spannenergie;
3. nein, da die Spannarbeit proportional der Federausdehnung im Quadrat ist.

2.9 Exponentialgesetze beim Kaffeefiltern

Durchführung

Diese bietet keinerlei Probleme: Fein gemahlener Kaffee reduziert die Filtrationsgeschwindigkeit und erleichtert damit Messungen und Auswertung. – Die Meßzylinder sollten wirklich sauber sein und z. B. nicht aus der Chemiesammlung ausgeliehen werden, wenn der Kaffee nachher noch genießbar sein soll.

Auswertung

1./2. Es zeigen sich deutlich Kurvenverläufe der weiter unten angegebenen Funktionen.

1.c) Die Filtrationsgeschwindigkeit ist proportional zum hydrostatischen Druck (vgl. SENNEKAMP, 1980).

2.c) Typische Halbwertszeit: 20–30 s; das Volumen $V(t)$ nimmt pro Halbwertszeit jeweils auf die Hälfte ab.

3. $V(0) = 0$, $V(t \rightarrow \infty) = V_1$ = Endvolumen im Meßzylinder; $V'(0) = V_0$ = Anfangsvolumen im Filter, $V'(t \rightarrow \infty) = 0$; $V_0 = V_1$.

4.a) Kaffeepulvermenge, Pulverkörnung, hydrostatischer Druck im Filter;

b) ein hoher und möglichst konstanter Wasserstand im Filter, welcher durch ständiges Nachgießen erreicht wird, führt zu einem gleichbleibend großen hydrostatischen Druck und entsprechend hoher Filtrationsgeschwindigkeit.

Ergänzungen

1. Sollten die mathematischen Voraussetzungen für dieses Experiment noch nicht vorhanden sein, läßt es sich zu einem späteren Zeitpunkt in den Physikunterricht eingliedern: So eignen sich die beiden Versuche „Kalter Kaffee" (Wärmelehre 3.2) und „Exponentialgesetze beim Kaffeefiltern" sehr gut, um in der Wärmelehre die Exponentialfunktionen schwerpunktmäßig zu behandeln.

2. Die Einführung von halblogarithmischem Papier kann auf Schulniveau durchaus sinnvoll und als „wissenschaftliche Methode" faszinierend sein, allzu große mathematische Exkurse hingegen schrecken eher ab.

3. Bernhard Sennekamp (1980) beschreibt den Kaffeefilterversuch in einer aufwendigeren, dafür aber genaueren Version. Zudem findet der Leser hier die mathematische Herleitung des exponentiellen Kaffeeausflusses sowie ein Experiment zum „exponentiellen Zerfall des Bierschaums".

2.10 Zu hoher oder zu niedriger Blutdruck?

Durchführung

Experiment 1: Einige Schüler haben u. U. Mühe, mit dem Stethoskop die pulsierenden Schläge genau zu hören. Es empfiehlt sich dann, das Stethoskop an einer anderen Stelle aufzulegen.

Experiment 2: Der Wasserschlauch darf auf keinen Fall ganz abgeklemmt werden, da er sich sonst infolge des Wasserdrucks vom Hahn löst: Überschwemmung und „Wasserschlacht" im Physikzimmer? Die turbulente Strömung läßt sich leicht mit dem Auge erkennen, aber auch wegen der „Erschütterungen" des Gummischlauches deutlich mit den Fingern ertasten. Letztere verschwinden schlagartig (Reynoldssches Kriterium) beim Übergang zu einer laminaren Strömung.

Auswertung

2. Oberer Wert: Das Blut beginnt zu zirkulieren, die Strömung ist turbulent und damit auch deutlich im Stethoskop hörbar („Erschütterungen"). Unterer Wert: Die Strömung ist laminar und ist demzufolge im Stethoskop nicht mehr wahrnehmbar.

3. 16 kPa (Zusammenziehen der Herzkammern: Systole); 10,6 kPa (Erschlaffen der Herzkammern: Diastole).

Zusatzfragen

1. Der Druck liegt im Herz um ungefähr 25 % höher als die obigen Meßwerte. Infolge des Reibungswiderstandes in den Kapillaren sinkt der Druck, je weiter man vom Herz entfernt mißt.

2. Bei genauem Beobachten und Ablesen sind die Herzschläge und der damit verbundene kurzfristig höhere Druck am Meßinstrument sichtbar.

3. Das EKG zeigt die jedem Herzschlag zugeordneten Aktionsströme: P entspricht der Erregung im Vorhofgebiet des Herzens, die markante Spitze R zeigt die Ausbreitung der Erregung im Reizleitersystem des Herzens, und T gibt den Erregungsrückgang an.
    Die Aktionsströme zwischen P, R, T bewirken das Zusammenziehen der Herzkammern und damit das Blutdruckmaximum. Zwischen T und der nächsten Erregung liegt die sogenannte Herzpause von ca. 0,4 s.

4. Ein zu hoher Blutdruck kann im Hirn zu Schlaganfällen oder im Herz zu Infarkten führen. Ein zu niedriger Druck hingegen kann zunächst nur häufige Schwindel- und Ohnmachtsanfälle, dann aber auch einen Kreislaufzusammenbruch zur Folge haben.

Ergänzungen

1. „Der projizierte Pulsschlag": ERNST ZEIER (1983, S. 200) beschreibt dieses einfache, aber besonders eindrückliche Demonstrationsexperiment.

2. Laminare und turbulente Strömungen spielen nicht nur bei der Blutdruckmessung, sondern vor allem auch im Automobil- und Flugzeugbau eine entscheidende Rolle. Die zahllosen anschaulichen Experimente hierzu (z. B. SPROCKHOFF, 1980) sind ausnahmslos faszinierend und führen zu einer alltagsbezogenen Vertiefung der Aero- und Hydromechanik (S. auch das folgende Experiment Mechanik 2.11).

2.11 Auf krummen Wegen mit Tischtennisbällen, Frisbee und Bumerang

Durchführung und Auswertung

1. Rotiert ein Tischtennisball im Uhrzeigersinn, vollführt er auch eine Kurve im Uhrzeigersinn.

2. Die Flugbahn des Papierzylinders weicht deutlich von der erwarteten Wurfparabel ab, indem er nämlich stark rückwärts, d. h. unter die Startrampe zurückfällt. Der Zusammenhang zwischen Eigenrotation und Ablenkung ist der gleiche wie beim Tischtennisball.

3. Abb. 33 zeigt zwei nach rechts fliegende Tischtennisbälle. Infolge der Eigenrotation des einen Balls umströmt die Luft ihn nicht symmetrisch: Die rotierende Oberfläche „reißt" mehr Luft auf die eine Seite. Die dort demzufolge höhere Strömungsgeschwindigkeit führt zu einem Unterdruck (Aerodynamisches Paradoxon) und einer entsprechenden Ablenkung des Balls.

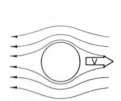 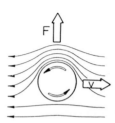

Abb. 33: Zur Erklärung des Magnuseffektes: Von den beiden nach rechts fliegenden Bällen erfährt der mit der Eigenrotation infolge der asymmetrischen Druckverteilung eine ablenkende Kraft nach oben

4.a) Ein Frisbee zeigt ein ähnliches Profil wie eine einfache Tragfläche.
  b) Vgl. 1–3.
  c) Die Kurven von Frisbee und Bumerang beruhen nicht auf dem Magnuseffekt, sondern auf einem anderen Kreiseleffekt (vgl. auch WALKER, März 1979, April 1979): Der vorlaufende Teil einer Frisbeescheibe erfährt infolge der höheren Relativgeschwindigkeit zur Luft einen größeren Auftrieb als der rücklaufende Teil. Dadurch verkippt der Frisbee und vollführt – als schräggestellter Kreisel – eine Präzisionsbewegung. Letztere bewirkt dann die so typischen Kurven.

5.b) Erst der dritte oder vierte Abschuß wird wohl zu der erhofften Flugbahn führen. Nur nicht die Geduld verlieren.
  c) Vgl. 4.c);
  d) Stabilisation;
  e) Tragflügelprofil, wobei die Profile der beiden Schenkel genau entgegengesetzte Orientierung aufweisen.

Ergänzungen

1. Daß das Golfspielen nicht nur in sportlicher und gesellschaftlicher Hinsicht ein Ereignis darstellt, sondern auch in physikalischer Hinsicht, verdankt es dem Magnuseffekt. Da werden Bälle mit „backspin" oder „topspin" geschlagen; sie fliegen weiter oder kürzer, machen Rechts- oder Linkskurven: Dem geschickten Golfspieler stehen unbegrenzte Möglichkeiten

offen. Wer physikalisch-sportlich interessiert ist und in der Nähe eines Golf-
platzes wohnt, sollte sich unbedingt die verschiedenen Abschlagmöglich-
keiten und Flugbahnen demonstrieren lassen. Es erwartet ihn eine hoch-
interessante Physik- und Sportlektion! Für detailliertere Informationen sei
auf ein Buch von JAKOBS et al. (1981) verwiesen.

2. Freizeitsportler, Bastler und Physiker möchten vielleicht die eine oder
    andere der oben aufgeführten Sportarten weiterverfolgen: Sie finden bei
    WAHRMANN (1983) zahllose Anregungen zum Frisbee-Spiel. HESS (1968),
    WALKER (März 1979, April 1979) und VEIT (1983) beschreiben hingegen
    Bau und Flugverhalten eines richtigen Bumerangs.

3.1 Sparsames Wasserkochen

Durchführung

Es ist unbedingt darauf zu achten, daß die Anfangsbedingungen, z. B. die Temperatur, tatsächlich immer gleich sind. So dürfen Kochplatte und Topf nicht noch
von einem vorhergehenden Experiment erwärmt sein, sondern müssen für jeden
Versuch wieder neu z. B. auf Zimmertemperatur gekühlt werden.

Typische Meßwerte: Tauchsieder mit $P = 1000$ W; Erwärmung von 0,5 kg Wasser
von 20 °C auf 100 °C in 3,5 min.

Auswertung

1.a) $E_{exp} = P \cdot t = 1000$ W $\cdot$ 210 s $= 210$ kJ (s. obiges Beispiel);
  b) s. Aufgabentext: 167,5 kJ;
  c) Wirkungsgrad 0,8, entsprechend 80%.

2. In obigem Beispiel gehen 20% der vom Tauchsieder gelieferten Energie
    „verloren", z. B. durch Erwärmung des Topfes oder durch Wärmeverluste
    infolge Abstrahlung und Konvektion.

3. Energiesparendste Variante: Tauchsieder oder elektrischer Wasserkocher
    mit eingebautem Heizstab.

4.a/b) ungefähr 25–40% Einsparung.

Zusatzfragen

1.a) $E = 2 \cdot 5 \cdot 365$ kWh $= 3650$ kWh; b) 1095 kWh; c) 219 DM.

2. Typische Anschlußwerte: Elektrische Herdplatte 100–2600 W, Backofen
    2500 W, Geschirrspüler 2500 W, Waschmaschine 4000 W, Wäschetrockner
    3000 W, Kühlschrank 120 W, Stereoanlage 50–500 W, kleines Radio 10 W,
    Farbfernseher 150 W.

Ergänzungen

1. Von den zahlreichen Büchern, welche in den letzten Jahren zur Energie-problematik erschienen sind, sei vor allem auf eines hingewiesen: HANS JOACHIM SCHLICHTING (1983) stellt in „Energie und Energieentwertung" eindrücklich den Alltagsbezug her und erläutert zudem den so oft vernach-lässigten Aspekt der Entwertung und des Verbrauchs der Energie. Der Real-bezug des obigen Experiments kann damit in einem viel größeren Rahmen weitergeführt werden.

2. Wer das Energiesparen besonders aktuell und anschaulich diskutieren und erarbeiten möchte, mag entsprechende Informationshefte und Broschüren bei den einzelnen Ministerien und Bundesämtern anfordern: a) Umwelt-bundesamt, Fachgebiet „Aufklärung der Öffentlichkeit in Umweltfragen", Bismarckplatz 1, 1000 Berlin 33, b) Bundesministerium für Wirtschaft, Referat Presse und Information, Postfach, 5300 Bonn-Duisdorf.

3.2   Kalter Kaffee

Durchführung

Dieses quantitative Experiment bietet keinerlei Schwierigkeiten, so daß es pro-blemlos ohne Versuchsanleitung oder auch vom Schüler allein zu Hause durchge-führt werden kann. Beim Zusatzexperiment 4 sollten die äußeren Bedingungen, wie z. B. die Umgebungstemperatur, während der gesamten Meßdauer möglichst konstant bleiben.

Auswertung

1. Fehlender Deckel, mangelnde Isolation und Luft- bzw. Wasserstrom führen zu einer raschen Abkühlung, dies infolge großer Energieverluste durch Wärmeleitung, -konvektion und -strahlung.

2. Die Abkühlungsrate ist proportional der Differenz ΔT zwischen Kaffee- und Umgebungstemperatur: $\Delta T/\Delta t \sim \Delta T$.

3. In erster Linie Strahlung und Konvektion.

4. Vgl. 1.

5. a) Exponentieller Abfall; b) $T(t = 0) = T_a$ und $T(t \to \infty) = T_u$.

Zusatzfragen

1. Schlechte Isolation bei Mauern, Dach, Fenstern und Türen; undichte Stel-len; kalter, starker Wind; Regen.

2. Vgl. Auswertung 2.

Ergänzungen

1. Ein „Warentest": Verschiedene Thermosflaschen können auf ihre Isolationseigenschaften hin untersucht werden. Aufgestellt in einem Schaukasten, z. B. vor dem Physikzimmer, lassen sich die verschiedenen Abkühlungskurven während einer ganzen Woche aufnehmen. Welches Prädikat („sehr gut", „gut", „mittelmäßig" usw.) erhält die Thermosflasche?

2. Wer das Newtonsche Abkühlungsgesetz mathematisch ausführlicher behandeln möchte, findet Anregungen in Peter Klinks „Physikversuchen für den arbeitsteiligen Gruppenunterricht" (KLINK, 1978).

3. Die Experimente Mechanik 2.9 und Wärmelehre 3.1 liefern weitere Anregungen zu den Themen „Exponentialfunktion" und „Energiesparen".

3.3 Cola – Eisgekühlt

Durchführung

Der Versuch dient zur qualitativen und quantitativen Einführung des Begriffs Schmelzwärme. Trotz der Einfachheit des Experimentes kann die Schmelzwärme von Wasser auf ± 10 % genau bestimmt werden.

Typische Meßwerte: 1.–4. Mineralwasser: m_1 = 100 g, T_1 = 20 °C; Eis: m_2 = 20 g, T_2 = 0 °C; Mischungstemperatur T_M = 4,5 °C.

Experiment 6: m_1 = 100 g, T_1 = 20 °C; Eiswasser: m_2 = 20 g, T_2 = 0 °C; Mischungstemperatur T_M = 17 °C.

Auswertung

2. Mit obigen Daten: 16,7 °C.

3. a) $\Delta Q_1 = m_1 \cdot c_1 \cdot (T_1 - T_M) = 0,1 \cdot 4187 \cdot 15,5$ J = 6490 J;
   b) $\Delta Q_2 = m_2 \cdot c_2 \cdot (T_M - T_2) = 0,02 \cdot 4187 \cdot 4,5$ J = 377 J;
      Wärme zum Schmelzen von 20 g Eis: 6490 J – 377 J = 6114 J;
   c) 305 kJ/kg.

4. Literaturwert: 333,7 kJ/kg.

Zusatzfragen

1. Größere Oberfläche bewirkt schnelles Schmelzen. Damit stellt sich die Mischungstemperatur auch rascher ein, wodurch wiederum Meßfehler infolge Wärmeverlusten an die Umgebung reduziert werden. Trockene Eiswürfel verhindern, daß Eiswasser von 0 °C die Resultate verfälscht.

2. Whisky wird stärker abgekühlt, da er eine geringere spezifische Wärme als Wasser aufweist: Reiner Ethylalkohol 2430 kJ/kg, Wasser 4187 kJ/kg.

3. a) Tiefere Anfangstemperaturen T_1 und T_2, evtl. mehr Eis;
   b) bei alkoholischen Getränken ja, da der Schmelzpunkt von reinem Ethylalkohol bei $-114,5\,°C$ liegt.

3.4 Siedendes Wasser

Durchführung

1. Dieses Experiment kann dazu dienen, die Begriffe „Sieden" und „Verdampfungswärme" einzuführen und zu erklären. Zwar bereitet anfangs der Unterschied zwischen Dampfbläschen und dem allseits bekannten, sichtbaren Wasserdampf (Nebel) häufig Mühe, aber eine eingehende Diskussion kann da Abhilfe leisten. Ein vorgängiges Erarbeiten des Schmelzvorganges (vgl. Wärmelehre 3.3) erleichtert zudem den Einstieg in obigen Versuch.

   Typische Beobachtungen: Bei einer Wassertemperatur von $50\,°C$ zeigen sich erste kleine Bläschen an Gefäßwand und Boden. Ab ungefähr $80\,°C$ lösen sie sich und steigen im Wasser auf, man hört es „brodeln". Beachten: Die Bläschen bilden sich immer an den gleichen Stellen.

Auswertung

1. Die drei Temperaturen steigen zunächst linear mit der Zeit. Kurz vor Erreichen der Siedetemperatur erfolgt der Anstieg wegen höherer Energieverluste an die Umgebung etwas langsamer. Die Temperaturen 1 und 2 sind jeweils fast identisch, da starke Konvektionsströme für eine gleichmäßige Temperaturverteilung im Wasser sorgen. Die Temperatur 3 liegt hingegen etwas tiefer, und zwar um so mehr, je weiter das Thermometer 3 von der Wasseroberfläche entfernt ist.

2. Erster Abschnitt: Temperatur proportional der Zeit, konstantes Erwärmen des Wassers. Zweiter Abschnitt: konstante Temperatur von $100\,°C$; die zugeführte Energie dient zum Verdampfen des Wassers, d. h. zur Änderung des Aggregatzustandes.

3. Ja, infolge Wärmeleitung und Konvektion; Einsparung ca. $25\,\%$.

4. a/b) Die Verdampfungskerne befinden sich immer an den gleichen Stellen, z. B. an Wänden und Boden des Gefäßes oder an der Außenfläche der Eierschale. Sie basieren auf mikroskopischen Lufteinschlüssen in einer „rauhen" Oberfläche;
   c) ein Dampfbläschen besteht aus Wasser im Gaszustand; sichtbarer Wasserdampf, d. h. Nebel, hingegen aus bereits wieder kondensiertem Wasser.

Zusatzfragen

1. a/b) Entscheidend ist die Umgebungstemperatur der Eier. Im Dampfkochtopf beträgt die Temperatur von Wasser und (!) Wasserdampf bzw. Gas ungefähr 120 °C.

2. $\Delta Q = c \cdot m \cdot \Delta T + C \cdot m = 2591$ kJ; $t = E/P = 43\,182$ s $= 12$ h.

Ergänzungen

1. ERNST ZEIER (1983, S. 119) beschreibt mit dem „Geysir in der Flasche" ein schönes Zusatzexperiment, welches Physik und Geographie beispielhaft verbindet.

2. Wer Genaueres über die Verdampfungskerne erfahren möchte, sei auf einen Artikel JEARL WALKERS verwiesen (Feb. 1983).

4.1 Camera Obscura

Durchführung und Auswertung

1. Das erste Experiment hat sich vorzüglich als Einstieg in die geometrische Optik bewährt, dies insbesondere in der Sekundarstufe I. Hingegen eignet sich der zweite Versuch als Basisexperiment für einen umfangreicheren Fotokurs.

2. Die Bildgröße ist proportional zur Bildweite. Eine Lochkamera mit Teleeigenschaften (Weitwinkel-) weist eine große (kleine) Bildweite auf.

3. Je größer das Loch, desto heller, aber unschärfer das Bild.

4.–7. Für detailliertere Informationen zur Camera Obscura sei auf den Mittelstufenband „Physik" von DORN (1982, S. 192), sowie – was die Berechnungen angeht – auf einen Artikel WALKERS (Jan. 1982) verwiesen. Bei der Bestimmung der richtigen Belichtungszeit beachte man, daß diese proportional der Blendenzahl im Quadrat ist.

4.2 Eine „Fata Morgana" direkt vor der Haustür

Durchführung und Auswertung

1. a) Direkt über der Flamme flimmert die Luft, d. h. betrachtet man Gegenstände durch die heißen Luftturbulenzen hindurch, erscheinen sie unklar und verschwommen.

   b) 2–3 cm über der Flamme weist die Temperatur ein Maximum von einigen 100 °C auf.

   c) Je höher die Temperatur der Luft, desto niedriger ihre Dichte und ihr Brechungsindex.

d) Der niedrigere Brechungsindex führt zur Lichtbrechung und dann in Verbindung mit der Turbulenz zum charakteristischen Flimmern.

2. a) Neben dem eigentlichen Gegenstand (z. B. Fenster) erscheint deutlich ein Spiegelbild, bei dem rechts und links, nicht aber oben und unten vertauscht sind.

   b) Direkt vor der Wand ist die Temperatur am höchsten; mit zunehmender Distanz nimmt sie ab.

   c) Der Brechungsindex wächst also mit dem Abstand zur Wand.

   d) Damit kann an der heißen Luftschicht direkt vor der Wand Totalreflexion stattfinden und so die Luftspiegelung erzeugen.

Zusatzfragen

1. In großem Maße bei Schornsteinen, sowie über erhitzten Straßen, Feldern und Wüstenböden; in kleinem Umfang über Flammen oder beim Autoauspuff.

2. Die „Lachen" lassen sich als Spiegelung des Himmels erklären. Brechungsindizes und Strahlengänge sind dabei die gleichen wie in obigem Beispiel.

3. Das Brechungsindexprofil ist hier genau umgekehrt: Eine kalte Bodenluftschicht und wärmere, höhere Luftschichten führen diesmal zu einer Totalreflexion in der Höhe. Die kalte Bodenschicht läßt sich damit erklären, daß die Morgensonne den gefrorenen und eventuell schneebedeckten Boden und die direkt darüberliegenden Luftmassen noch nicht genügend erwärmen konnte.

Ergänzungen

1. Aus der vielfältigen Literatur über Luftspiegelungen sei auf folgende Artikel verwiesen: FRASER und MACH (1976) beschreiben ausführlich anhand verblüffender Beispiele die optischen und atmosphärischen Grundlagen verschiedenster Fata Morganas. Daß diese andererseits in Schülbüchern nicht immer richtig erläutert sind, stellt MERZYN (1982) in einem Artikel fest.

2. Laborexperimente mit Medien, welche ein Brechungsindexgefälle aufweisen, wie z. B. konzentrierte Salzlösungen, demonstrieren eindrücklich, auf welche Weise „Licht auf krumme Wege" geraten kann (WALKER, Sept. 1982).

4.3 Tief ins Weinglas schauen

Durchführung

1. Scheinbar (!) „im Glas" ist ein scharfes Bild der dahinterliegenden Landschaft sichtbar. Das Bild ist kleiner, seitenverkehrt und steht auf dem Kopf.

2. Ungefähr 4–10 cm hinter dem Weinglas entsteht auf dem Papier ein reelles Bild, welches dem des ersten Experimentes in Größe und Form gleicht, aber in den Randzonen etwas unschärfer ausfällt.

Auswertung

1. Das Weinglas wirkt als Sammellinse, so daß sich entsprechende Strahlengänge ergeben. Für das Verständnis der beiden Experimente genügt es, das Weinglas als dünne Linse zu betrachten.

2. a) Vom 2. Experiment her wird klar, daß in diesem Fall ein „Zwischenbild" zwischen Weinglas und Beobachter liegt, und zwar genau in dem Abstand vom Glas, bei dem im 2. Experiment auf dem Papier das reelle Bild entstand.

   b) Distanz Zwischenbild – Auge.

Zusatzfragen

1. Unendlich entfernte Gegenstände werden in der Brennebene abgebildet; die Brennweite von einigen Zentimetern hängt von der Krümmung des Weinglases und von dessen Inhalt (Brechungsindex) ab.

2. Etwas kürzere Brennweite bei Wein, da Ethylalkohol einen etwas höheren Brechungsindex als Wasser aufweist.

3. Abbildung wie durch eine Zylinderlinse.

Ergänzungen

1. Bei aller (physikalischen) Freude am vollen Weinglas sei nicht vergessen, daß eine exakte mathematische Behandlung der beobachteten Phänomene nicht ganz einfach ist: Eine genauere Analyse der „dicken Linse" läßt sich aber u. a. bei GERTHSEN (1982) nachlesen.

2. Wer Zylinderlinsen im Alltag (Flaschen, Gläser) näher untersuchen möchte, findet bei TREITZ (1983, S. 168) und ZEIER (1983, S. 174) anregende Ideen.

3. „Zwischenbilder" treten nicht nur beim obigen ersten Versuch auf, sondern auch bei Mikroskop und Fernrohr. Damit bieten sich diese durchaus zu einer Vertiefung des Problems an.

4.4 Wie funktioniert ein Diaprojektor?

Durchführung

2. Vgl. z. B. SEXL, 1980; wichtigste Komponenten: Hohlspiegel, Lampe, Kondensorlinse(n), Glasplatte, abzubildendes Diapositiv, Objektivlinse(n).

3. Typische Meßwerte: Bildweite b = 300 cm, Gegenstandsweite g = 8,75 cm (bei f = 8,5 cm).

4. Je nach Projektor 80–160 mm.

Auswertung

1. a/b) Hohlspiegel: Brennweite gleich halber Abstand Lampe–Spiegel; Kondensor: Brennweite etwas kleiner als der Abstand Lampe – Kondensor.
   c) Schutz des Dias vor Wärmestrahlung.

2. a) B/G = b/g = 34 in obigem Beispiel;
   b) $1/f$ = $1/g + 1/b$, f = 85 mm im erwähnten Beispiel.

Zusatzfragen

1. $b + g$ = 3 m, $1/f = 1/g + 1/b$, g_1 = 12,5 cm (g_2 = 287,5 cm).

2. Für die längeren Klassenzimmer müssen Diaprojektoren mit größerer Brennweite angeschafft werden, wenn die normierten Leinwände nicht zu klein sein sollen. Zahlenbeispiel:
Längsseite des Dias G = 35 mm, maximale Bildgröße B = 1,5 m, Bildweite b = 4,5 bis 9,5 m; damit $f \approx g = b \cdot G/B$ = 10,5 bis 22 cm.

Ergänzungen

1. In Form eines arbeitsteiligen Gruppenunterrichts lassen sich parallel zum Diaprojektor weitere abbildende „Instrumente" analysieren: Auge, Fotoapparat (s. das folgende Experiment Optik 4.5), Episkop, Hellraumprojektor. Bei letzterem bildet die als Kondensator eingebaute Fresnellinse noch einen besonderen „physikalischen Leckerbissen".

2. Im Diaprojektor zeigen neben der Optik auch die mechanisch-technischen Komponenten einen interessanten Aufbau: Antrieb, Transport des Magazins, Wechsel der Dias. Genaues Beobachten, analytisches Denken und exaktes Beschreiben sind hier wieder einmal gefragt.

4.5 Die Spiegelreflexkamera

Durchführung und Auswertung

1. b) ungefähr 0,45 m bis ∞;
   c) ca. $\frac{1}{1000}$ s bis ∞ (manuelle Auslösung);
   d) größte Helligkeit bei kleinster Blendenzahl.

3. a) Durch den Sucher betrachtet, erscheinen alle Gegenstände normal, d. h. in gleicher Größe wie ohne Fotoapparat. Es sind Konvexlinsen sichtbar.
   b) Bei kleinster Blendenzahl weist die Irisblende den größten Durchmesser auf.

c) Der Spiegel klappt je nach Verschlußzeit länger oder kürzer um und gibt damit den Film zur Belichtung frei.

4. Das entstehende Bild (reell, seitenverkehrt, auf dem Kopf) fasziniert insbesondere bei einem Kameraschwenk.

   b) Zahlenbeispiel: $f = 55$ mm, $g_1 = \infty$, $g_2 = 0,45$ m. Mit $1/f = 1/g + 1/b$ folgt: $b_1 = 55$ mm, $b_2 = 62,6$ mm. Bei einer Nahaufnahme ist die Objektivlinse also um 7,6 mm weiter vom Film entfernt als bei der Einstellung auf ∞.

5. a) Beispiel: Blendenzahl 2 und Brennweite $f = 55$ mm liefern für $d = 55/2$ mm = 27,5 mm.

   b) Bei Veränderung der Blendenzahl von 4 auf 5,6 verkleinert sich der Durchmesser um den Faktor $1/\sqrt{2}$; d. h. der Querschnitt der Blendenöffnung reduziert sich auf die Hälfte gemäß $\pi \cdot (d/2)^2$.

   c) Vergrößerung der Blendenzahl um eine Stufe, d. h. Halbierung der einfallenden Lichtmenge: die Belichtungszeit muß also genau verdoppelt werden.

   d) Kürzeste Belichtungszeit bei kleinster Blendenzahl liefert auch bei schnellen Bewegungsabläufen scharfe Konturen.

6. a) Je höher die Blendenzahl, desto größer die Schärfentiefe.

   b) Bei hoher Blendenzahl, d. h. kleiner Blendenöffnung, weisen die Lichtbündel einen jeweils kleineren Durchmesser auf als bei tiefer Blendenzahl; damit ergeben sich auch außerhalb der tatsächlichen Bildpunkte A' und B' noch fast scharfe Abbildungen: Ist der Film zwischen den Bildebenen A' und B' plaziert, werden beide Punkte scharf abgebildet, sofern die Korngröße des Films größer/gleich dem Durchmesser der Lichtbündel an dieser Stelle ist.

   c) Bei größter Blendenzahl werden alle Gegenstände in einer Entfernung zwischen ca. 3 m und ∞ scharf abgebildet.

   d) Lange Belichtungszeiten.

Zusatzfragen

1. a) Bessere Bildschärfe, größere Helligkeit (nur bei Fotoapparaten sind kurze Belichtungszeiten möglich).

   b) Das Sucherbild entspricht genau dem fotografierten Bild; ein Auswechseln der Objektive vergrößert das Spektrum der Aufnahmemöglichkeiten.

2. Die Blendenzahlen nehmen jeweils um den Faktor $\sqrt{2}$ zu, d. h. die Blendenöffnungen werden von einer Zahl zur anderen auf die Hälfte verkleinert.

3. $1/30$ s.

4. a) $b_1 \approx f_1 = 50$ mm, $B_1 = G \cdot b_1/g = 4,5$ mm; b) $b_2 \approx f_2 = 200$ mm, $B_2 = 18$ mm.

Ergänzungen

1. Eine Analyse von Tele- und Weitwinkelobjektiv könnte das obige, allerdings schon recht umrangreiche Experiment weiter ergänzen. Bildwinkel und Vergrößerungsverhältnis verdienten hier eine genauere Untersuchung.

Das Problem der „Verzeichnungen" bei kurzbrennweitigen Objektiven erklärt NORBERT TREITZ (1983, S. 174) auf einfache Weise in Theorie und Praxis.

2. An weiterer Literatur zur Fotografie seien empfohlen: Einige Kapitel aus dem Mittelstufenband „Physik" von DORN (1982, S. 229), der Artikel „Camera optics" aus der Zeitschrift „The Physics Teacher" (RUIZ, 1982), sowie ein detailliertes Buch zum Thema „Fotoobjektiv" (BRANDT, 1956).

3. Eine Behandlung der chemischen Vorgänge bei Belichtung, Entwicklung und Fixieren des Films könnte das Thema interdisziplinär abrunden.

4.6 Wassertropfen glitzern in allen Regenbogenfarben

Durchführung und Auswertung

Die Versuche stellen bezüglich exaktem Arbeiten, genauem Beobachten und analytischem Denken hohe Anforderungen, so daß sie zu den schwierigen Experimenten zählen. Ein späteres Studium noch weiterer optischer Naturerscheinungen lohnt aber den Aufwand. So bieten sich als Fortsetzung zum Regenbogen u. a. an: Fata Morgana (vgl. Experiment Optik 4.2); Himmelsblau, Morgen- und Abendrot; atmosphärische Halos (LYNCH, 1978).

1./2. Hauptregenbogen: innen blau, außen rot. Nebenregenbogen: innen rot, außen blau. Der Wasserzerstäuber läßt nur den Hauptregenbogen erkennen, wobei der Winkel etwas über 40° liegt.

3. Glitzern am rechten Rand des Tropfens mit $\alpha_1 \approx 42°$, der blaue Lichtstrahl weist dabei einen um ca. 1° kleineren Winkel auf als der rote. – Glitzern am linken Rand des Tropfens mit $\alpha_2 \approx 51°$, hier zeigt nun der rote Lichtstrahl einen etwas kleineren Winkel als der blaue, d. h. die Reihenfolge der Farben ist genau umgekehrt.

4. Abdecken der linken (rechten) Hälfte hat zur Folge, daß das Glitzern auf der rechten (linken) Tropfenseite erlischt. – Die Strahlengänge sind in so gut wie allen Schulphysikbüchern skizziert.

5. a/b) Es genügen vier „charakteristische" Wassertropfen: je zwei für blaue und rote Lichtstrahlen in Haupt- und Nebenregenbogen. Als Vorlage mag das Bild DESCARTES dienen (vgl. Ergänzungen).

  c) Nur so bleiben die Winkel von 42° bzw. 51° gewahrt.

  d) Bei jeder Reflexion an der Innenseite des Wassertropfens reduziert sich die Intensität des reflektierten Strahls um ungefähr 95 %, d. h. dieser Anteil wird gebrochen und geht damit dem Regenbogen verloren.

  e) Die Wolkenform spielt keinerlei Rolle, entscheidend ist vor allem die Stellung von Sonne, Wolken und Beobachter zueinander.

Ergänzungen

René Descartes lieferte vor über 300 Jahren als erster eine genauere Erklärung des Regenbogens, indem er dessen Entstehung anhand des Strahlenverlaufs in einer Flasche demonstrierte. Eine etwas modernere Version dieses historischen Experiments wird bei Sprockhoff (1981, Strahlenoptik) beschrieben. Descartes Modellvorstellung ist in einem eindrücklichen zeitgenössischen Bild festgehalten, welches bei Sexl et al. (1980, S. 46) abgedruckt ist. – Zur heutigen Theorie des Regenbogens finden sich ergänzende Informationen bei Nussenzveig (1977) und Walker (Aug. 1980), der mit seinen Ausführungen auch einige Grundideen zu obigem Experiment lieferte.

4.7 Spielereien mit Seifenblasen

Durchführung und Auswertung

1. a) Während der ersten ein bis zwei Sekunden steigen die Seifenblasen ein wenig, um dann allmählich zu sinken.

   b) Die warme Atemluft mit ihrer gegenüber der Umgebungsluft geringeren Dichte bewirkt einen Auftrieb und damit das anfängliche Steigen. Die rasche Abkühlung auf die Umgebungstemperatur führt dann aber zu einer Volumenverkleinerung und damit zur Verminderung des Auftriebs, so daß dieser schlußendlich kleiner als das Gewicht wird und somit die Sinkphase einleitet.

2. a) Die ausströmende Luft bringt die Kerzenflamme zum Flackern. Der Druck in der Seifenblase ist also größer als der Außenluftdruck.

   b) Die Oberflächenspannung bewirkt die nötige Gegenkraft F_0: Ein Wassermolekül wird von den umgebenden Molekülen angezogen. Die Resultierende F_0 all dieser Anziehungskräfte zeigt zum Mittelpunkt der Seifenblase und kompensiert so die infolge des Druckunterschieds radial nach außen wirkende Kraft F_p.

   c) „Die Großen fressen die Kleinen": Was im Alltag vielfach gilt, kann auch hier beobachtet werden. Der Druck in der kleinen Blase ist höher als in der großen Blase: Wegen der stärkeren Krümmung der Seifenhaut ist nämlich F_0 größer und damit auch F_p.

3. a) Im Idealfall, d. h. wenn die Seifenhaut keine inneren Strömungswirbel aufweist, zeigen sich horizontale Farbstreifen: Von oben nach unten folgen periodisch die Spektralfarben.

   b) Einige Sekunden vor dem Zerplatzen wird der obere Teil der Seifenhaut farblos, d. h. schwarz.

   c) In der Seifenhaut ($n = 1,33$) verändert sich die Wellenlänge zu $\lambda_2 = \lambda_1/n = 2,25$ cm. Das Zahlenbeispiel ist so gewählt, daß die Phasendifferenz der an vorderer und hinterer Grenzfläche reflektierten Strahlen genau einer halben Wellenlänge entspricht: Die destruktive Interferenz führt demnach zu Dunkelheit. Vgl. Abb. 34.

d) Die Farbentstehung läßt sich mit den Gesetzen der „Reflexion an dünnen Schichten" erklären.

e) Die Seifenhaut ist infolge des Eigengewichts unten dicker als oben, zeigt also von der Seite die Form eines Keils mit der Spitze nach oben. Bei der Reflexion entsteht je nach Schichtdicke für eine andere Wellenlänge destruktive Interferenz. Da das Wasser in der Seifenhaut mit der Zeit nach unten fließt, wandern auch die horizontalen Farbstreifen allmählich nach unten. Die Haut reißt somit schließlich im oberen Teil.

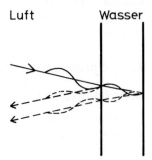

Luft   Wasser

Abb. 34: Reflexion an der Seifenhaut mit einfallender und reflektierter Welle (aus Gründen der Übersichtlichkeit wurden die weiteren Vielfachreflexionen nicht gezeichnet)

Zusatzfragen

1. a) Konstruktiv: $2d = (2k - 1) \cdot \lambda/2n$, b) destruktiv: $d = k \cdot \lambda/2n$ mit $k = 1, 2, 3 \ldots$ als Ordnungszahl der Interferenz.

2. Die Schichtdecke d muß so klein sein, daß für sichtbares Licht keine konstruktive Interferenz mehr auftritt. Gemäß 1. a) gilt dann: $d < \lambda/4n =$ 400 nm/4 · 1,33 = 75 nm.

3. Seifenschaum, Ölfilm, Newtonsche Ringe.

Ergänzungen

Das Thema „Seifenblasen" bietet sich für eine längere Projektarbeit bzw. Unterrichtseinheit geradezu an:

1. Durch empirisches Vorgehen wird die eigene ideale Seifenlösung gefunden: z. B. Pril, Glyzerin und destilliertes Wasser im Verhältnis 1:3:3.

2. Ein vertieftes Studium der Farbentstehung offenbart weitere physikalische und sinnesphysiologische Geheimnisse (vgl. WALKER, Okt. 1982).

3. Das Verständnis für den atomaren Aufbau der Seifenmoleküle und ihrer physikalisch-chemischen Wirkung helfen die Oberflächenspannung und den Waschvorgang zu verstehen (Liteatur: Jedes Oberstufen-Chemiebuch und ALMGREN, 1976).

4. Zu den physikalischen Stichworten Oberflächenarbeit und -spannung sei auf diverse Artikel hingewiesen: ALMGREN, 1976; NESS, 1974; WOLFF, 1974.

5. Die Beobachtung und Erklärung von Minimalflächen gehört zu den verblüffendsten Schulversuchen überhaupt (vgl. GRÜLL, 1959; REICHE, 1977).

6. Eine Analyse von Interferenzmustern vereinfacht in vielen Fällen die Materialkontrolle und wird – mit fortschreitender Entwicklung der „kohärenten Optik" – vielfach großtechnisch eingesetzt (vgl. SEXL et al. 1980, S. 75–80; FREEMAN, 1980).

7. Eine Abwechslung und Auflockerung ist mit dem Fotografieren „psychodelischer" Interferenzmuster auf Seifenfilmen, sowie diversen Spielereien mit Seifenblasen möglich (vgl. ZEIER, 1983, S. 57–62).

5.1 Geschwindigkeitssünder in der Radarfalle

Durchführung

Erster Versuch: Es empfiehlt sich, das Auto ungefähr 70 km/h fahren zu lassen. Der dann resultierende große Ganztonschritt kann auch von unmusikalischen Zuhörern deutlich wahrgenommen werden.

Zweiter Versuch: Bewegt sich das Buch mit genügend großer Geschwindigkeit auf den Beobachter zu (von ihm weg), ist ein höherer (tieferer) Ton zu vernehmen.

Auswertung des ersten Versuches

1. a) Das herannahende Auto zeigt eine höhere Frequenz als das wegfahrende.
   b/c) Halbtonschritt (16:15) bei einer Geschwindigkeit von 39,5 km/h, kleine Sekunde (10:9) bei 64,5 km/h, große Sekunde (9:8) bei 72 km/h, kleine Terz (6:5) bei 110 km/h.

2. Autogeschwindigkeit v, Schallgeschwindigkeit c, Frequenz des herannahenden (wegfahrenden) Autos f_1 (f_2), Frequenz der ruhenden Schallquelle f_Q: Mit den Dopplerformeln

$$f_1 = f_Q \cdot \frac{1}{1 - v/c} \text{ und } f_2 = f_Q \frac{1}{1 + v/c}$$

folgt $v = c \cdot \dfrac{f_1/f_2 - 1}{f_1/f_2 + 1}$.

3. Der Tonschritt, d. h. das Frequenzverhältnis, hängt gemäß 2 nur von der Geschwindigkeit ab.

Auswertung des zweiten Versuches

4. Das Buch reflektiert die Wellen. Infolge der Bewegung auf den Beobachter zu (von ihm weg) wird die Wellenlänge der reflektierten Welle kleiner (größer).

5. Das Auto bewegt sich vom Sender weg, d. h. die vom Auto reflektierten Wellen weisen eine kleinere Frequenz auf als die ausgesendeten. Der Frequenzunterschied Δf ist proportional der Autogeschwindigkeit v: $\Delta f \approx f_Q \cdot v/c$.

Zusatzfragen

1. $f_1/f_2 = (1 + v/c) : (1 - v/c) = 2:1$.

2. $v = \Delta f \cdot c/(2 \cdot f_Q) = 19{,}8$ m/s; das Auto bewegt sich von Meßstelle fort.

5.2 „Maestro Physicus" und die Gitarre

Durchführung und Auswertung

1. a) Von e zu e''' drei Oktaven; die höchste Oktave zwischen e'' und e''' wird auf der obersten Seite gegriffen (vgl. auch Zusatzfrage 4).
   b) stehende Welle.

2. a) Je weniger Masse, desto höher der Ton. Querschnitt und Material der Saite bestimmen die jeweilige Masse.
   b) Je höher die Spannkraft, desto höher der Ton.
   c) Je kürzer die Saite, desto höher der Ton. Für eine Oktave wird die Saite exakt auf die Hälfte verkürzt; das zugehörige Bundstäbchen befindet sich genau über dem Rand des Gitarrenkörpers.

3. a) Ursprüngliche Länge der e-Saite 65 cm; Länge für den Ton f: 65 cm : 1,059 = 61,4 cm, d. h. Abgreifen im ersten Bund; Länge für g: 61,4 cm : 1,122 = 54,7 cm, d. h. Abgreifen im 3. Bund; Länge für a: 54,7 cm : 1,122 = 48,8 cm, d. h. Abgreifen im 5. Bund.
   b) Infolge Resonanz beginnt die a-Saite zu schwingen. Die beiden Töne sind gleich.
   c) Auf der e-Saite spielt man den Ton a und stimmt danach die nächsthöhere, d. h. die a-Saite. Dann spielt man auf dieser den Ton d' und stimmt danach die d'-Saite, usw.

4. a) Alle Papierreiter, außer denen ganz am Rand und in der Saitenmitte, fliegen davon. Auf der a-Saite breitet sich also eine stehende Welle aus mit insgesamt drei Schwingungsknoten in der Mitte und an den Rändern. Der zugehörige Ton ist a', d. h. die erste Oberschwingung der a-Saite.
   b) $f = n \cdot f_0$ mit $n = 1, 2, 3 \ldots$

Zusatzfragen

1. S. Durchführung 2. Für die Frequenz f gilt exakt:

$$f = \frac{1}{2l} \cdot \sqrt{\frac{F}{A \cdot \varrho}}$$

mit Länge *l*, Spannkraft *F*, Querschnitt *A*, Dichte ϱ. Diese Gesetzmäßigkeit läßt sich in quantitativen Zusatzexperimenten überprüfen.

2. Infolge Wärmeausdehnung reduziert sich die Spannkraft und muß somit nachkorrigiert werden.

3. Frequenzverhältnis 1 : (1,122 · 1,059 · 1,122) = 1 : 1,333; die a-Saite wird auf ¾ ihrer ursprünglichen Länge verkürzt: 48,8 cm.

4. h'", 3½ Oktaven.

5.a) Die Grundschwingung legt die Tonhöhe fest;

   b) die Oberschwingungen bestimmen die Klangfarbe.

Ergänzungen

1. „Physikalische Aspekte des Geigenspiels" beschreibt JÜRGEN MEIER (1978) in einem kleinen Büchlein, das mit seinen vielfältigen Informationen sowohl musizierende Physiker als auch physikalisch interessierte Geigenspieler faszinieren dürfte.

2. Eine Untersuchung von Harfe, Geige (HUTCHINS, 1981; SCHELLENG, 1974), Klavier (BLACKHAM, 1965) oder auch Blasinstrumenten (vgl. das folgende Experiment Akustik 5.3) führt von der obigen ersten Gitarrenstunde in die auch physikalisch interessante Welt der Musik und des Instrumentenbaus.

5.3   Ein Flötenkonzert in fünf Sätzen

Durchführung und Auswertung

1.a) Je länger die Pfeife, desto tiefer der Ton;
   b) beide Enden sind offen;
   c) stehende Längswellen (Schallwellen) mit Schwingungsbäuchen an den Enden;
   d) stehende Welle mit einem Schwingungsknoten in der Mitte.

2.a) Ton c": λ = *c*/*f* = 340 m/s : 528 Hz = 64 cm; Länge der Luftsäule *l* = λ/2 = 32 cm; die wirkliche Länge wird von der Schneide (!) der Labialpfeife bis zum Flötenende gemessen und beträgt ca. 28 cm;
   b) Ton c'" : λ = 32 cm, *l* = 16 cm.

3.a) Der Ton liegt eine Oktave höher, d. h. es handelt sich um die erste Oberschwingung;
   b) maximal zwei Oktaven, wobei die obersten Töne nur von ausgesprochenen Könnern wirklich rein und sauber gespielt werden können;
   c) erste Oberschwingung mit zwei Knoten, die Wellenlänge ist gleich der wirksamen Pfeifenlänge.

4. a) S. z. B. Ergänzungen oder SEXL, 1980, S. 38;
   b) der Ton liegt eine Oktave tiefer, da ein geschlossenes, d. h. ein gedacktes Ende vorliegt; Grundfrequenz $f_0 = c/\lambda = c/4\,l$, erste Oberfrequenz $f_1 = 3\,c/4\,l$ mit Schallgeschwindigkeit c und Pfeifenlänge l.

Zusatzfragen

1. a) Die Schallgeschwindigkeit verändert sich;
   b) 856,7 Hz, 999 Hz;
   c) die wirksame Pfeifenlänge kann durch leichtes Herausziehen des Mundstückes verändert werden, dies allerdings nur in sehr beschränktem Umfang.
2. Offene Pfeife: $l = c/2f = 7{,}08$ m: gedackte Pfeife: $l = c/4f = 3{,}54$ m.

Ergänzungen

1. Auf die physikalischen Grundlagen des Flötenspiels aufbauend, können weitere Musikinstrumente mit Zungen- oder Lippenpfeifen – z. B. gruppenweise – untersucht und erklärt werden: Oboe, Klarinette, Harmonika, Orgel (FLETCHER, 1983), Querflöte oder einfach das Blasen auf einem Grashalm bzw. Kamm. BENADE (1960 und 1973) erklärt die Physik jener Holz- und Blechblasinstrumente in zwei Übersichtsartikeln.

2. Stehende Wellen und Resonanzeffekte lassen selbst durchschnittliche Sänger(innen) in einem Badezimmer oder einer Duschkabine zu „Opernstars" werden. Die hierzu von JEARL WALKER (Juli 1982) beschriebenen Experimente helfen dieses Phänomen physikalisch zu analysieren und bilden eine faszinierende Ergänzung zu unserem „Flötenkonzert in fünf Sätzen".

6.1 „Wenn einem die Haare zu Berge stehen"

Durchführung und Auswertung

2. a) Die Papierschnipsel bewegen sich und werden z. T. angezogen;
   b) in einer Glimmlampe leuchtet das Gas immer um den Pol, welcher negativ geladen ist; der Hartgummistab ist nach dem Reiben negativ geladen;
   c) der dem Glasstab abgewandte Pol der Glimmlampe leuchtet, d. h. der Stab wurde durch das Reiben positiv aufgeladen.

3. a) Typisches Leuchten und Knistern von Entladungsvorgängen;
   b) s. 2;
   c) an den Berührungsstellen treten Elektronen von einem Körper auf den anderen über, so daß sich der eine positiv und der andere negativ aufladen;
   d) Anziehung infolge Influenz.

4. a) Kunststofftuch negativ, Wolltuch positiv;
   b) durch die vielfachen Bewegungen im Alltag reiben die beiden Kleidungsstücke aneinander und laden sich so auf.

5. Die Kunststoffolie lädt sich beim Reiben negativ auf und zieht dann die Haare infolge dielektrischer Polarisation an.

6. a) Der (Kunststoff-)Kamm ist negativ geladen;
   b) die Entladung zwischen Kamm und Ohrläppchen führt zu einem deutlich vernehmbaren Knistern;
   c) der Wasserstrahl wird vom geladenen Kamm stark angezogen, da sich die Wassermoleküle als Dipole im elektrischen Feld des Kamms ausrichten und dadurch angezogen werden (Polarisation).

Zusatzfragen

1. Bei trockener Luft und einem gut isolierenden Teppichmaterial laden sich durch Reibung der Teppich positiv und die (Gummi-)Sohle negativ auf. Diese Ladung führt dann infolge Influenz zu einer Ladungsumverteilung im menschlichen Körper (ZEIER, 1983, S. 212).

2. Feuchte Luft führt schon bei geringen Spannungsunterschieden zu Entladungen.

3. Die Elektronen befinden sich in der Atomhülle und können so leichter aus einem Atomverband herausgelöst werden.

4. Gleichgroße, aber entgegengesetzte Ladung.

Ergänzungen

D. B. HARLAND (1978) ist der Verfasser eines empfehlenswerten Buches, welches Prüfungsfragen zu physikalischen Alltagssituationen enthält. Insbesondere beschreibt er in einem Kapitel Probleme der statischen Aufladung in der Industrie.

6.2 „Die Sicherung brennt durch"

Durchführung

1. a) z. B. 100 mA/250 V oder 2 A/250 V;
   b) je größer die zulässige Stromstärke, desto dicker der Schmelzdraht.

2./3. Die Versuchsdurchführung ist einfach und ungefährlich, da die notwendigen Spannungen weit unter 50 V liegen. Die gemessenen Stromstärken entsprechen meist auf $\pm 10\%$ genau den auf den Sicherungen angegebenen Werten.

4. Wichtigste Komponenten: Patrone (Gehäuse), Schmelzdraht, Kennplatte (6 A: grün, 10 A: rot) mit Feder, Sand. Die meisten Mittelstufen-Physikbücher zeigen die Skizze einer Schmelzsicherung (z. B. HÖFLING, 1980).

Auswertung

1. a) Bei einem Kurzschluß würden die Leitungen im Haus so stark erhitzt, daß Brände ausbrechen könnten;
   b) in Serie.

3. a) Je dicker der Draht, desto kleiner der Widerstand, desto größer die Schmelzstromstärke;
   b) nach $R = \varrho \cdot l/A$ und $A = \pi \cdot r^2$ weist die 2 A-Sicherung einen $\sqrt{2:0,1} = 4,5$mal größeren Durchmesser auf.

4. a) Brandgefahr durch schmelzenden Draht;
   b) die Feder drückt die Kennplatte heraus.

Zusatzfragen

1. a) Meist 10 A/250 V und 16 A/380 V, evtl. 6 A/250 V;
   b) Überbelastung durch Kurzschluß oder durch zu viele angeschlossene Verbraucher.

2. z. B. Sicherung 1: Abblendlicht rechts, 8 A; Sicherung 2: Abblendlicht links, 8 A; Sicherung 3: Lichthupe, 16 A; usw.

Ergänzungen

Das obige Experiment könnte Teil eines Unterrichtsprojektes „Stromversorgung" bilden. Als weitere Themen dazu bieten sich an: Glühlampen (vgl. Experiment Elektrizität 6.3), Schaltkreis in einem Zimmer bzw. in einer Wohnung (vgl. Versuch Elektrizität 6.5), Stromleitung in Metallen (BRUHN, 1981), Funktionsweise eines Leitungsschutzkontaktes, Erdung, Sicherungen im Elektrizitätswerk, Stromerzeugung.

6.3 Glühlampen – einmal von innen betrachtet

Durchführung

1. Eine defekte Glühlampe zeigt vielfach auf der Innenseite des Glaskolbens einen dunklen Fleck, eine Ablagerung von verdampftem Wolfram.

2. Die Stromstärke ist nicht direkt proportional der angelegten Spannung, da der Widerstand mit zunehmender Spannung, d. h. mit steigender Temperatur, größer wird.

3. Je höher die Leistung, desto dicker der Draht der Glühwendel.

4. Der Draht oxidiert: Er färbt sich zunächst blau-grau, beginnt dann zu glühen, um anschließend bei ca. 20–50 V durchzubrennen.

Auswertung

1. S. z. B. DORN-BADER, 1982, S. 270.

2. a) Je dicker die Glühwendel, desto größer die Stromstärke, desto größer die Leistung;
   b) nach $P = U \cdot I = U^2/R$ und $R = \varrho \cdot l/A$ sowie $A = \pi \cdot r^2$ weist der Glühfaden der 60 W-Lampe einen $\sqrt{60/15} = 2$mal größeren Durchmesser auf.

3. Im mit Stickstoff oder Edelgas gefüllten Glaskolben glüht der Faden, ohne daß ein chemischer Prozeß stattfinden würde. Hingegen bei Luftzufuhr oxidiert die Glühwendel schon bei geringer Temperaturerhöhung rasch.

4. a) S. Durchführung Nr. 2;
   b) $R = U/I$, z. B. 60 W-Glühlampe: $I = 0,27\,A$, $U = 220\,V$ ergeben $R = 807\,\Omega$;
   c) je höher die Temperatur, desto stärker die thermische Bewegung der Metallatomrümpfe und damit desto größer der Widerstand für die Leitungselektronen.

Zusatzfragen

1. $P_1/P_2 = R_2/R_1$, die 60 W-Lampe weist einen viermal kleineren Widerstand auf.

2. Heizstrahler, Heizofen, Fön: Der Elektronenfluß führt zur Temperaturerhöhung der Heizschlangen und damit zur Erwärmung der (vorbeifließenden) Umgebungsluft bzw. zu Infrarotstrahlung.

3. Wolfram hat einen sehr hohen Schmelzpunkt (3380 °C) und verdampft auch bei hohen Temperaturen wenig.

6.4 Die Leistung einer HiFi-Anlage

Durchführung

Spannungs- und Stromwerte sind so niedrig, daß für den Experimentator keine Gefahr besteht. Hingegen ergeben sich bei einzelnen Stereoanlagen Schwierigkeiten beim Anschluß der Meßinstrumente: Krokodilklemmen oder auch freie Kabelenden ohne jedwelchen Stecker können helfen, das Problem zu lösen.

Typische Meßwerte: Leise 0,2 V/0,02 A, mittel 0,45 V/0,045 A, laut 12 V/1 A.

Auswertung

1. Leise $P = U \cdot I = 0,004$ W, mittel 0,02 W, laut 12 W.

2. a) z. B. Eingangsleistung $P_i = 65$ W, Ausgangsleistung $P_a = 12$ W;
   b) $P_a/P_i = 0,185 \triangleq 18,5\%$;
   c) Umwandlung in innere Energie, d. h. Erwärmung des Verstärkers.

3. a) $R = U/I \approx 10\ \Omega$ in obigem Beispiel;
   b) typische Werte 4–16 Ω, die Meßgenauigkeit dieses Experimentes ist relativ schlecht (vgl. Zusatzfrage 4).

4. Die Lautstärke ist dem Logarithmus der Schallstärke proportional: Lautstärke = const. · log (Schallstärke).

Zusatzfrage

1. $E = P \cdot t = 400$ Wh = 0,4 kWh; 0,08 DM.

2. Beide haben recht: Einerseits hat der Musikfan tatsächlich die Lautstärke nur wenig erhöht, andererseits hat aber damit nach dem Fechnerschen Gesetz die Schallstärke überproportional zugenommen. Diese wesentlich höhere Schallstärke (und nicht die Lautstärke!) ist für das Wändewackeln verantwortlich.

3. Für die Gehörschäden ist die Schallstärke ausschlaggebend, welche nach dem Fechnerschen Gesetz schon bei einer minimal geringeren Lautstärke wesentlich reduziert werden kann.

4. a) Wegen der ungleichmäßig lauten Musik sind die Schwankungen bei der Strom- und Spannungsmessung sehr groß. Meßungenauigkeiten von ± 30 % sind keine Seltenheit; so weichen die errechneten Widerstandswerte häufig stark von den vom Hersteller angegebenen Werten ab;
   b) die Angabe „Sinus" definiert die genauen Meßbedingungen für die Ausgangsleistung: Sinusschwingung und selbstverständlich – anders als in obigem Versuch – konstante Schall- und Lautstärke.

6.5 Dem Elektroinstallateur über die Schulter geschaut

Durchführung und Auswertung

Die obige Versuchsanleitung kann natürlich nur allgemeine Anregungen geben: Im Einzelfall wird man je nach örtlichen Gegebenheiten andere Schwerpunkte setzen. Entscheidend bleibt, daß das Experiment einen Einblick in die Elektro-Installationen eines Hauses ermöglicht.

1.b) Einzelne Geräte hängen für sich an einer Sicherung, wenn sie entweder einen hohen Anschlußwert aufweisen (z. B. Kochplatte) oder wenn die Sicherung wegen erhöhter Unfallgefahr schon bei geringen Stromstärken ansprechen soll (z. b. separate Steckdosen für Rasierapparate).

3.a) Normalerweise 10 A, für den Kochherd evtl. 16 A, in Altbauten manchmal 6 A; b) $P = U \cdot I = 220 \text{ V} \cdot 10 \text{ A} = 2,2 \text{ kW}$; c) $P = P_1 + P_2 + P_3 \ldots$ ungefähr 2,2 kW bei einer 10 A/220 V-Sicherung.

4.b/c) Die meisten Mittelstufenbücher zeigen entsprechende Schaltkreise (z. B. HÖFLING, 1980; DORN, 1982).

Zusatzfragen

1. Für die Elektroneninstallationen gibt es verschiedene Realisierungsmöglichkeiten, so daß die Installationspläne – je nach Architekt oder Elektro-Ingenieur – sehr unterschiedlich ausfallen können. Einheitlich sind nur die verwendeten Symbole (Abb. 30).

2.a) Sicherungen unterbrechen bei zu großem Stromfluß den Schaltkreis, indem bei Schmelzsicherungen der Draht schmilzt oder bei Leitungsschutzautomaten sich der eingebaute Bimetallstreifen verbiegt.

   b) Die direkte Verbindung der beiden Pole, d. h. Widerstand fast Null, ermöglichen einen derart hohen Stromfluß, daß dieser zu einer übermäßigen Erwärmung der Kabel und damit zu extremer Brandgefahr führen würde.

   c) Maximaler Anschlußwert $P = U \cdot I = 2,2 \text{ kW}$, d. h. zwei Tauchsieder.

3. Parallel, damit überall die gleiche Spannung anliegt.

Literaturverzeichnis

Almgren, Frederick J.; Taylor, Jean E.: The Geometry of Soap Films and Soap Bubbles. In: Scientific American, July 1976, S. 82.

Benade, Arthur: The Physics of Wood Winds. In: Scientific American, Okt. 1960, S. 144.

Benade, Arthur: The Physics of Brasses. In: Scientific American, Juli 1973, S. 24.

Berge, Otto E.: Spielzeug im Physikunterricht. Heidelberg: Quelle & Meyer 1982, S. 57.

Bigler, F.: Das Fallschirmspringen. Bern: Bundesamt für Zivilluftfahrt (Hrsg.) 1982, S. 125.

Blackham, E. D.: The Physics of the Piano. In: Scientific American, Dez. 1965, S. 88.

Brandt, Hans-Martin: Das Photoobjektiv. Braunschweig: Vieweg 1956.

Brandenberger, W.; Läuchli, A.: Skimechanik und Methodik. Rapperswil: Ra-Verlag 1964.

Bruhn, Jörn: Festkörperphysik. Heidelberg: Quelle & Meyer 1981, S. 69.

Dorn, Friedrich; Bader, Franz: Physik – Mittelstufe. Hannover: Schroedel 1982.

Edge, R. D.: A Paper Wave to Explain the Doppler Shift. In: The Physics Teacher, Sept. 1987, S. 400.

Fletcher, Neville H.; Thwaites, Suzanne: Die Physik der Orgelpfeifen. In: Spektrum der Wissenschaft, März 1983, S. 96.

Fraser, Alistair; Mach, William: Mirages. In: Scientific American, Jan. 1976, S. 102.

Freeman (Hrsg.): Light and Its Uses. Oxford: W. H. Freeman and Company 1980.

Gerthsen, Christian; Kneser, Hans: Physik. Berlin, Heidelberg, New York: Springer 1982.

Gross, Albert; Kyle, Chester; Malewicki, Douglas: Die Aerodynamik von Muskelkraft-Fahrzeugen. In: Spektrum der Wissenschaft, Feb. 1984, S. 68.

Grosseteste, Robert: De iride seu de iride et speculo. Deutsche Übersetzung in: Der Weg der Physik. München: Deutscher Taschenbuch Verlag 1978, S. 204.

Grüll, Kurt: Unterrichtsversuche zur Oberflächenspannung. In: Praxis der Naturwissenschaften 5/1959, S. 113.

Hahn, H.: Der Physikunterricht an den bayerischen Oberrealschulen und die weitere Ausgestaltung der Schülerübungen. In: Zeitschrift für den Physikalischen und Chemischen Unterricht 1908, S. 73–79.

Handke, Peter: Die Angst des Tormanns beim Elfmeter. Frankfurt a. M.: Suhrkamp 1973, S. 112.

Harland, D. B.: Comprehension and Data Assessment Tests in A-Level Physics. London: Edward Arnold 1978, S. 47.

Hess, Felix: The aerodynamics of boomerangs. In: Scientific American, Nov. 68, S. 124.

Höfling, Oskar; Mirow, Bernd: Physik I. Bonn: Dümmler 1980.

Höfling, Oskar; Mirow, Bernd; Becker, Gerhard: Physik-Aufgaben I. Bonn: Dümmler 1985.

Hutchins, Carleen Maley: Klang und Akustik der Geige. In: Spektrum der Wissenschaft, Dez. 1981, S. 112.

Jakobs, John; Aultman, Dick: Golf ohne Fehler. Hamburg: Jahr-Verlag 1981.

Klink, Peter: Physikversuche für den arbeitsteiligen Gruppenunterricht, Sekundarstufe 2; 1.) Schülerarbeitsbogen; 2.) Lehrerhinweise. Bonn: Dümmler 1978, Versuch 8.

Kufner, A.: Raum und Entfernung – Wie man in der Mathematik mißt. Thun und Frankfurt a. M.: Verlag Harri Deutsch 1981.

Labudde, Peter: Zum Begriff der Arbeit. In: Der mathematische und naturwissenschaftliche Unterricht, 7/1986, S. 406.

Loeillet, Jean Baptiste (1653–1728): Sonate in F-Dur für Sopranflöte (Violine) oder Altblockflöte und Klavier. Wilhelmshaven: Otto Heinrich Noetzel Verlag 1960.

Lynch, David: Atmospheric Halos. In: Scientific American, April 1978, S. 144.

Merzyn, G.: Die Fata Morgana in Schulbüchern. In: Naturwissenschaften im Unterricht – Physik/Chemie, 9/1982, S. 313.

Meyer, Jürgen: Physikalische Aspekte des Geigenspiels. Siegburg: Verlag Instrumentenbau 1978.

Mirow, Bernd: Physik-Formeln/Sekundarstufe I und II. Bonn: Dümmler 1984/1988.

Ness, Wilhelm: Zur Berechnung von Oberflächenarbeiten. In: Der mathematische und naturwissenschaftliche Unterricht, 8/1974, S. 500.

Nussenzveig, M.: The Theory of the Rainbow. In: Scientific American, April 1977, S. 116.

Reiche, Erhard: Minimale Oberfläche kommunizierender Seifenblasen. In: Der mathematische und naturwissenschaftliche Unterricht, 1/1977, S. 53.

Ringelnatz, Joachim: Und auf einmal steht es neben dir. Berlin: Henssel Verlag 1984.

Ruiz, Michael: Camera Optics. In: The Physics Teacher, Sept. 1982, S. 372.

Sambursky, Shmuel: Der Weg der Physik. Zürich und München: Artemis Verlag 1975.

Schelleng, John: The Physics of the Bowed String. In: Scientific American, Jan. 1974, S. 87.

Schlichting, Hans J.: Energie und Energieentwertung. Heidelberg: Quelle & Meyer 1983.

Sennekamp, Bernhard: Exponentielle Vorgänge: Kaffeefiltern und Bierschaumzerfall als physikalische Schulversuche. In: Der mathematische und naturwissenschaftliche Unterricht, 1/1980, S. 31.

Sexl, Roman; Raab, Ivo; Streeruwitz, Ernst: Der Weg zur modernen Physik – Eine Einführung in die Physik, Band 2. Frankfurt, Berlin, München, Aarau: Diesterweg, Salle, Sauerländer 1980.

Sprockhoff, Georg: Physikalische Schulversuche – Band 8: Mechanik IV. Köln: Aulis Verlag, Deubner & Co. 1980.

Sprockhoff, Georg: Physikalische Schulversuche – Band 10: Strahlenoptik. Köln: Aulis Verlag, Deubner & Co. 1981.

Treitz, Norbert: Spiele mit Physik. Thun, Frankfurt a. M.: Harri Deutsch Verlag 1983.

Veit, Günter: Bumerangs – Werfen, Fangen und Selberbauen. München: Hugendubel Verlag 1983.

Wahrmann, Hartmut: Frisbee – Freizeitspaß und Wettkampfsport. München: Copress-Verlag 1983.

Walker, Jearl: Boomerangs! How to make them and also how they fly. In: Scientific American, März 1979, S. 130.

Walker, J.: More on boomerangs, including their connection with the dimpled golf ball. In: Scientific American, April 1979, S. 134.

Walker, J.: Überzählige und weiße Regenbögen. In: Spektrum der Wissenschaft, Aug. 1980, S. 122.

Walker, J.: Photographieren mit der Lochkamera. In: Spektrum der Wissenschaft, Jan. 1982, S. 113.

Walker, J.: Warum es so umwerfend klingt, wenn unsereins beim Duschen singt. In: Spektrum der Wissenschaft, Juli 1982, S. 116.

Walker, J.: Wenn Lollies leuchten und Licht auf krumme Wege gerät. In: Spektrum der Wissenschaft, Sept. 1982, S. 120.

Walker, J.: Farbmuster auf Seifenfilmen. In: Spektrum der Wissenschaft, Okt. 1982, S. 124.

Walker, J.: Mit Wasser gekocht – Beobachtungen beim Sieden. In: Spektrum der Wissenschaft, Feb. 1983, S. 128.

Walker, J.: Mit Stoppuhr und Stadtplan auf der grünen Welle. In: Spektrum der Wissenschaft, Mai 1983, S. 131.

Wilson, S. S.: Bicycle Technology. In: Scientific American, März 1973, S. 81.

Wolff, Robert: Zur Demonstration und Berechnung von Oberflächenarbeiten. In: Der mathematische und naturwissenschaftliche Unterricht, 4/1974, S. 228.

Zeier, Ernst: Kurzweil durch Physik. Köln: Aulis Verlag, Deubner & Co. 1983.

Namen- und Sachregister

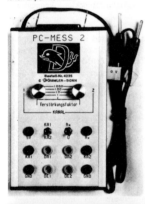

LOGO für DOS und WINDOWS
Mit einer einzigen Software die Ansprüche mehrerer Fächer abdecken

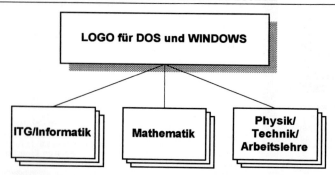

1) Wenn Ihnen noch **keine moderne Hardware** zur Verfügung steht, bietet sich der Einsatz unseres DOS-LOGOs '**LOGO für den PC**' an. 'LOGO für den PC' begnügt sich bereits mit einem 8086 Mikroprozessor, 512 KB Arbeitsspeicher, einem Diskettenlaufwerk und einer CGA-, Herkules- EGA oder VGA-Grafik.
Unsere **neue Version 2.5** bietet auch unter DOS eine ganze Reihe von Vorzügen:
- Textdarstellung und Editor nun im Textmodus.
- Blockbefehle und die Möglichkeit zum Suchen/Ersetzen.
- Veränderbarer Druckertreiber, nun auch für den Grafikausdruck auf Tintenstrahl- und Laserdrukker (HP-Deskjet, HP-Laserjet).
- Lichtbalkenmenü, Mausunterstützung und veränderbares Hilfesystem.
Ausser diesen Veränderungen bleibt natürlich der volle Befehlsumfang und die Funktionalität der erfolgreichen Version 2.0 erhalten.
Dümmlerbücher: G.Otte: LOGO für den PC (46773, 46774, 46783, 46786, 46787)
2) Wenn **moderne Hardware** vorhanden ist, so empfiehlt sich der Einsatz von **WIN-LOGO**. WIN-LOGO benötigt mindestens einen 80386 Prozessor, 2 MB Arbeitsspeicher und mindestens Windows 3.1. Mit WIN-LOGO stehen Ihnen alle **Vorzüge der modernen Benutzeroberfläche** Windows zur Verfügung:
- Datenaustausch über den Zwischenspeicher
- Lern- und Textseite als Ganzseiteneditor
- großer Arbeitsspeicher
- Windows-Hilfe-System, Funktionsleiste, Kurztasten, vorhandene Druketreiber.
Dümmlerbücher: G.Otte: WIN-LOGO (46775, 46774, 46780, 46789, 46777)
3) **LOGO für DOS und Windows eignen sich hervorragend für den Einsatz in mehreren Fächern:**

a) **ITG/Informatik:**
- mit der leicht zu verstehenden Igelgrafik grundlegende Techniken der Programmentwicklung kennenlernen.
- mit der anschaulichen Listenvarbeitung dynamische Datenstrukturen verwenden und interessante Aufgaben aus dem Bereich der Künstlichen Intelligenz (Expertenssystem, Eliza) und der Musik bearbeiten.
- mit der einfachen Verarbeitung von Wörtern die Grammatik der deutschen Sprache analysieren und Computergedichte erzeugen.
Empfohlene Literatur:
- Gerhard Otte, Einführung in LOGO (46774)
- B.Grabinger, Arbeitsbuch LOGO /WIN-LOGO(4566)
- Heidemann/Foegen: Problem, Algorithmus, Lösung (4266, 4276)
- Baues/Hillebrand,u.a. Informatik erleben (4979)

b) **Mathematik:**
- mit der anschaulichen Igelgrafik Lernumgebungen zum selbständigen Erwerb von mathematischen Kenntnissen erzeugen.
- kurze und einfache Algorithmen für mathematische Aufgabenstellungen entwerfen.
Empfohlene Literatur:
- Gerhard Otte, Einführung in LOGO (46774)
- B.Grabinger, Arbeitsbuch LOGO/WIN-LOGO (4566)

c) **Physik/Technik/Arbeitslehre:**
- von LOGO aus Interfaces ansteuern: Multiface, Fischer-Technik, HIBS, Lasy, OktoBus, Lego.
- physik. Versuche durchführen und auswerten.
- Modelle an ein Interface anschließen und von LOGO aus steuern.
- Regelkreise aufbauen und programmieren.
Empfohlene Literatur:
- Gerhard Otte, Einführung in LOGO (46774)
- Manfred Weber: Prozessdatenverarbeitung unter LOGO/WIN-LOGO (4967, 4766)

FERD. DÜMMLERᔆ VERLAG · Postfach 14 80 · 53004 BONN

LOGO-Sekundarstufe II

2 WIN-LOGO-Disketten, vgl. S. 45:
11. Kl. Problem, Algorithmus,
Lösung DM 36,–   (46405)
12. Kl. Algorithmen und Datenstrukturen DM 36,–   (46415)

Zu WEBER:
Prozeßdatenverarbeitung

1) Zubehör Multiface und PDV-
   MINI-LABOR, vgl. S. 43 unten
2) PDV unter WIN-LOGO, incl.
   Zubehör, vgl. S. 43 oben und
   unten
3) PDV-Disk. TURBO-PASCAL
   6.0, vgl. S. 43 ganz unten

FERD.⌐ÜMMLERS VERLAG
Kaiserstr. 31–37 · 53113 BONN

LOGO für DOS und WINDOWS
Mit einer einzigen Software die Ansprüche
mehrerer Fächer erfüllen

Einführung in LOGO   Von G. OTTE **NEU**

Eine grundlegende Einführung in das Arbeiten mit LOGO. Dieses Buch kann mit jeder LOGO-Version eingesetzt werden, ist aber besonders abgestimmt auf die Versionen LOGO für den PC und WIN-LOGO von G. OTTE. Ca. 136 Seiten. Ca. 30,–. Einzeln erhältlich. Ersch. Frühj.1996   (46774)
Aus dem Inhalt: Programmieren mit LOGO (Igelgrafik, Verarbeitung von Zahlen, Rekursionen, Listenverarbeitung, Baumstrukturen, Wahrheitswerte, Eigenschaftslisten); LOGO-Lernumgebungen im Mathematikunterricht; Messen-Steuern-Regeln mit LOGO.

LOGO für den PC (DOS). Version 2.5 (1996)   Von G. OTTE **NEU**

☐ Handbuch. Ca. 96 S. Ca. DM 24,80. Frühj. 1996.   (46773)
Es wird die Benutzerführung der neuen DOS-Version von LOGO beschrieben sowie die Installation und das Ausdrucken von Grafiken erläutert. Der Band enthält eine vollständige Liste der Befehle.
Disketten: ☐ Einzelplatzlizenz. 3,5" HD. DM 112,- (46783). ☐ Schul-Lizenz. 3,5"HD. DM 450,- (46786). ☐ Erweiterte Schul-Lizenz: Erst nach Erwerb der Schul-Lizenz erhältlich. Nutzungsrecht für Lehrer und Schüler auch auf dem privaten PC. 3,5"HD. DM 225,– (46787)
Dazu: **Einführung in LOGO**. Dieses Werk ist als Ergänzung zum Handbuch erforderlich. Siehe oben. DM 30,–   (46774)

WIN-LOGO (WINDOWS)   Von G. OTTE **NEU**

☐ Handbuch/Dokumentation. WIN-LOGO. 96 Seiten 1994. DM 30,-   (46775)
Der Band enthält eine vollständige Liste der Befehle u. eine Beschreibung der Benutzeroberfläche von WIN-LOGO.
☐ Handbuch Einführung in LOGO. Als Ergänzung zum Handbuch WIN-LOGO erforderlich. DM 30,–.   (46774)
Disketten: WIN-LOGO: ☐ Demo-Disk.: 3.5"DD. Auszug. Schutzgebühr DM 15,-   (46781)
☐ Einzelplatz-Lizenz. 3.5". DM 118,- (46780); ☐ Schullizenz. 3.5". DM 450,-   (46789)
☐ Erweiterte Schullizenz: Erst nach Erwerb der Schullizenz erhältlich: Nutzungsrecht für Lehrer und Schüler auch auf dem privaten PC. 3.5". DM 225,–   (46777)

Weitere Konditionen zum LOGO-System von G. OTTE

LOGO-Lizenznehmern, die direkt beim Verlag eine Schullizenz erwerben,erhalten bei a) leihweiser Überlassung der Orginaldiskette oder b) Nachweis eines Schullizenz-Vertrages LOGO Vergünstigungen:

Update von **Schul**lizenz	auf Schul-lizenz	bestehend aus	Gesamtend-preis inkl. MwSt.
☐ LOGO-DOS 2.0 oder früher	DOS 2.5	46774 + 46773 + 46786	DM 199,60
☐ LOGO-DOS 2.0 oder früher oder anderer/fremder LOGO-Version	WIN-LOGO	46774 + 46775 + 46789	DM 403,84
☐ Gesamtpaket: Version DOS 2.5 und WIN-LOGO	jeweils Schullizenz	46774 + 46773 46775 + 46786 + 46789	DM 699,14

Zusätzliche Handbücher (ohne Diskette) nur bei Nachweis einer Schullizenz:
☐ LOGO für den PC (DOS 2.5) DM 24,80 (46773) ☐ WIN-LOGO DM 30,- (46775)

Prozeßdatenverarbeitung mit LOGO (für DOS und WINDOWS)   **NEU**

Grundlegende Versuche zur Prozeßdatenverarbeitung (PDV) im Fach ITG/Informatik/Physik/Technik mit Multiface (Interface), Fischertechnik (Bausteine) und LOGO (Programmiersprache) für DOS und WINDOWS. Von M. WEBER.
Nach einer gründlichen Einführung in die für die Versuche benötigten Hard- u. Software und deren „Anschluß" an den PC folgen detaillierte Beschreibungen von zahlr. Versuchsreihen zum Messen, Steuern, Regeln mit allen dazu nötigen techn. u. programmäßigen Angaben, Aufgaben u. Lösungen. – Zum Einsatz kommen als Sensoren Taster, Fotowiderstände, Heißleiter u. als Aktoren Lampen, Motoren und Elektromagnete.
Handbuch für den Lehrer. Version DOS. 128 S. Zahlr. Abb. 1994. DM 29,80   (4967)
Diskette: je DM 36,–. LOGO für den PC (DOS). 5.25": (49681); 3.5" (49682);

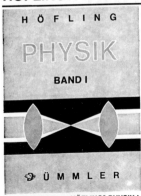

Aus dem Inhalt von HÖFLINGS PHYSIK I:
1. Mechanik (S. 1–146);
2. Wärme (S. 147–222);
3. Licht (S. 223–314);
4. Magnetismus (S. 315–328);
5. Elektrizität (S. 329–426);
6. Atomphysik (S. 427–444);
7. Energiewirtschaft (S. 445–451);
Anhang (S. 452–468).
Physik-Aufgaben I und II
vgl. hierzu S. 64–66

Von O. HÖFLING und B. MIROW, 16. Aufl. 1980/91. 480 Seiten. 637 Abb.
1 Farbtafel. Gelber Linsoneinband. Gebunden. DM 42,80   (4103)
- Konzipiert für Gymnasien, eingesetzt auf SI auch in Real- und Gesamtschulen; ferner in Berufs-, Berufsfachschulen, Berufsaufbauschulen und ähnlichen, zur Fachoberschulreife führenden Schularten.
- Der Schüler wird **umfassend und gewissenhaft** auf die hohen Anforderungen der Sekundarstufe II **vorbereitet,** unabhängig davon, ob der HÖFLING in einem systematischen oder spiralen Curriculum eingesetzt wird.
  Im Verlauf des **spiralen Curriculums** sichern die breit angelegten, vom Schüler erschließbaren Texte in jedem Fall die Anknüpfung an zeitlich zurückliegende Unterrichtsepochen. Der Schüler kann sich also die Grundlagen für weiterführende Arbeiten selbständig neu bilden.
  Deshalb wird für die Sekundarstufe I bewußt nur ein alle Gebiete umfassender **Gesamtband** angeboten, damit beim Unterricht im spiralen Curriculum immer das „richtige" Buch zur Hand ist.
- Im HÖFLING sind die **Texte ausführlicher** und breiter gestaltet, als in vergleichbaren Physikbüchern üblich ist. HÖFLING bietet dadurch eine **überzeugende und bestens bewährte Alternative** zu der modischen Entwicklung, durch Überbetonung der Bebilderung den Textanteil zu reduzieren. Eine Verdichtung physikalischer Zusammenhänge, die dem Lernenden den Zugang zu den ohnehin nicht leichten Begriffsbildungen der Physik erschweren kann, wird dadurch vermieden.
- Der **Energiebegriff bildet seit der 12. Aufl. das geistige Band** des Buches. Wo immer es möglich war, wurde der Bezug zur Energie und zum Energieerhaltungssatz hergestellt. Fakten, Zahlen und Entwicklungstendenzen zur Energiewirtschaft befinden sich in Kap. 7.
- Zur **Kernenergiediskussion,** die auch bei Schülern häufig emotional befrachtet ist, sind die **Argumente pro und contra** in Kap. 6 in sachlicher Abwägung einander gegenübergestellt.

PHYSIK II Sekundarstufe II   Kurzausgabe

Aus dem Inhalt der Kurzausgabe:
1. Einführung (S. 1–12)
2. Mechanik (S. 13–142)
3. Thermodynamik und Kinetische Gastheorie (S. 143–176)
4. Das Weltbild der klassischen Physik (S. 177–186)
5. Elektrizität, Magnetismus (187–334)
6. Quanten und Atome (S. 335–442)
Anhang (S. 443–463)

Physik II für Sek. II sind in fast allen Bundesländern pauschal genehmigt. Inkl. der Einzel-Gen. können die blaue Kurzausgabe für Grundkurse und die roten Teilbände für Leistungskurse in folg. Ländern eingeführt bzw. lernmittelfrei angeschafft werden: in Baden-Württemberg, Berlin, Brandenburg, Bremen, Hamburg, Hessen, Mecklenburg-Vorpommern, Niedersachsen, Nordrhein-Westf., Rheinland-Pfalz, Saarland, Sachsen, Sachsen-Anhalt, Schleswig-Holstein u. Thüringen.

Von O. HÖFLING, B. MIROW, G. BECKER.
12. Aufl. 1982/92. 480 Seiten. 356 Abb. 1 Farbtafel. Blauer Linsoneinband.
DM 42,80   (Dümmlerbuch 4126)
Diese einbändige Physik ist geschrieben für
- Kurse der Sekundarstufe II und Fachoberschulen;
- Sekundarstufe II mit Abitur nach dem 12. Schuljahr;
- alle Bildungswege, bei denen im Physikunterricht oder im selbständigen Studium die Bildungsinhalte der Sekundarstufe II gefordert werden; dies sind im **allgemeinbildenden Bereich** vor allem Abendkollegs, Aufbaugymnasien, Kollegs für ausländ. Studienbewerber u. a., **im Bereich der weiterführenden beruflichen Bildung** naturwiss. ausgerichtete Berufsfach- und Technikerschulen, Fachschulen sowie bestimmte Schulen der Bundeswehr.
Zu Anlage und Inhalt der Kurzausgabe:
- An der **bewährten methodischen Konzeption** und der ausführlichen und **für Schüler leichtverständlichen Darstellungsweise** der Vollausgabe Physik II ist im Wesentlichen festgehalten. Der verringerte Umfang ist durch Beschränkungen der Stoffbreite und -tiefe erreicht, wobei ein **ausgewogener Kurs für alle Bereiche der Physik** entstanden ist.
- **Lehrer, die gleichzeitig in Grund- und Leistungskursen unterrichten,** finden in dieser Kurzausgabe und in der Vollausgabe die gleichen bewährten methodischen Ansätze. Sie werden also nicht zu unnötigem methodischen Umdenken gezwungen.
- Zur Einübung der Stoffinhalte dienen die **Physik-Aufgaben II** (Gesamtbände), vgl. S. 66.

FERD. DÜMMLERS VERLAG · Postfach 1480 · 53004 BONN